GLEAM BOOKS

漢字の使い分けハンドブック

氏原基余司

株式会社 朝陽会

はしがき

とかく漢字の使い分けは難しい。

例えば「変える」「換える」「替える」「代える」——どれを使うか迷う方も多いだろう。そんなとき、頼りになるのが本書に掲げている「「異字同訓」の漢字の使い分け例」である。これには使い分け方が、語義・用例とともに丁寧に示されている。判別しにくい言葉については補足説明も付している。

しかし、それを見ても漢字の使い分けに迷うことはある。「漢字の意味」や「使い分け例」を更に詳しく知ったら迷いが吹っ切れるのではないか——そんな思いから、当時文化庁文化部国語課に在職し、国語課の担当官として、「使い分け例」の作成に関わっていた氏原基余司氏に雑誌『時の法令』の連載として解説を依頼した。本書は、それをまとめたものである。

「漢字の使い分け」に悩む読者の皆様の道しるべとなってほしいと願っています。

２０１７年５月

株式会社　朝陽会

はじめに

このブックレットは、『時の法令』で「常用漢字あれこれ」として連載したうちの第41回から第67回までの27回分を1冊にまとめたものです。第40回までは、国語施策（国語政策）として行われてきた、これまでの漢字政策と常用漢字表との関係や、漢字政策における基本的な考え方などを中心に取り上げてきました。

連載中であった平成26年2月21日に、文化審議会国語分科会から「「異字同訓」の漢字の使い分け例」という報告が出され、この報告の内容を紹介していくことは読者の方にも役に立つのではないかという編集部の意向もあって、第40回から取り上げることになったものです。

連載時には、毎回、1ページ分を報告の転載に当て、そこで取り上げられている「異字同訓の使い分け」についての補足的な説明に2ページ分を当てるという、3ページで構成していました。そのために、項目によって比較的詳しく書いてあるものと、簡単な記述にとどまっているものとが交じっています。これは、異字同訓の漢字を使い分けるときに、迷いやすいものと、そうでないものとの違いが反映された結果でもあります。例えば、「老ける」と「更ける」や「行く」と「逝く」などの使い分けで迷うようなことはほとんどないと思います。それに対して、「おさまる・おさめる」という訓に、「収・納・治・修」のどの漢字を当てるかについては迷うことが多いのではないでしょうか。

このブックレットに書いた補足的な説明については、私自身の個人的な見解や考え方などを中心に記述したものであって、国語分科会としての見解でないことは改めて確認しておきたいと思います。異字同訓の使い分けを考えるときに、参考となるような情報をできるだけポイントを絞って記述していきたいというのが、連載時に私が意識していたことです。

なお「あとがき」で簡単に触れますが、戦後の漢字政策においては、異字同訓の漢字の使い分けが「漢字使用の負担」となっているという考え方から、同訓の漢字をできるだけ減らしていくというのが訓を選定するときの基本的な方針となっていました。

この方針を継承しつつ必要な音訓は加えるという考え方で見直したのが、昭和48年に改定された「当用漢字音訓表」です。そのために、昭和48年の「当用漢字音訓表」以降は、「異字同訓の漢字の使い分け」に関して、音訓表が改定される前よりも意識せざるを得ないような状況が生じたとも言えます。

文字どおりの小冊子ですが、お読みくださる方の少しでも参考となり、お役に立つことができるのであれば、これ以上の喜びはありません。

2017年5月

氏原基余司

本書を読むために

氏原基余司

(1)　連載時とは、異なり、報告の項目は一項目ずつに分けて示してある。

(2)　本文中に、繰り返し出てくる『新聞用語集』と『新聞用語集　追補版』については、煩雑さを避けるために、出版年等はいちいち示していない。本文中で使用したものは、

『新聞用語集　２００７年版』（日本新聞協会、２００７年２月５日）

『２０１０年「改定常用漢字表」対応新聞用語集　追補版』（日本新聞協会、２０１０年11月18日）

である。いずれも、「新聞用語懇談会編」である。また、追補版の方は、本文中では『新聞用語集　追補版』と略記してある。

(3)　本文中に出てくる「表外漢字」「表外訓」とは、それぞれ「常用漢字表に入っていない漢字」「常用漢字表に入っていない（取り上げられていない）訓」のことである。

(4)　報告「「異字同訓」の漢字の使い分け例（文化審議会国語分科会、平成26年２月21日）」については、「使い分け例」と略記した場合がある。

(5)　参考として、巻末に次の二つの資料を載せてある。どちらも公用文を書くときの基本資料となるものである。

①「公用文における漢字使用等について」（内閣訓令第1号、平成22年11月30日）

②「法令における漢字使用等について」（内閣法制局、平成22年11月30日）

(6)　探したい項目があるときは、巻末の「索引」を利用していただきたい。

(7)　文化審議会国語分科会報告「「異字同訓」の漢字の使い分け例」には、「前書き」と「使い分け例の示し方及び見方」が示されている。以下に、転載する。（原文は横書き）

〈前書き〉

1　この「「異字同訓」の漢字の使い分け例」（以下「使い分け例」という。）は、常用漢字表に掲げられた漢字のう

ち、同じ訓を持つものについて、その使い分けの大体を簡単な説明と用例で示したものである。

2　この使い分け例は、昭和47年6月に国語審議会が「当用漢字改定音訓表」を答申するに際し、国語審議会総会の参考資料として、同審議会の漢字部会が作成した「「異字同訓」の漢字の用法」と、平成22年6月の文化審議会答申「改定常用漢字表」の「参考」として、文化審議会国語分科会が作成した「「異字同訓」の漢字の用法例（追加字種・追加音訓関連）」を一体化し、現在の表記実態に合わせて一層使いやすく分かりやすいものとなるよう作成したものである。作成に当たっては、簡単な説明を加えるとともに必要な項目の追加及び不要な項目の削除を行い、上記の資料に示された使い分けを基本的に踏襲しつつ、その適切さについても改めて検討した上で必要な修正を加えた。

3　同訓の漢字の使い分けに関しては、明確に使い分けを示すことが難しいところがあることや、使い分けに関わる年代差、個人差に加え、各分野における表記習慣の違い等もあることから、ここに示す使い分け例は、一つの参考として提示するものである。したがって、ここに示した使い分けとは異なる使い分けを否定する趣旨で示すものではない。また、この使い分け例は、必要に応じて、仮名で表記することを妨げるものでもない。

4　常用漢字表に掲げられた複数の同訓字の使い分けの大体を示すものであるから、例えば、常用漢字表にある「預かる」と、常用漢字表にない「与（あずか）る」とのような、同訓の関係にあっても、一方が常用漢字表にない訓である場合は取り上げていない。

　また、例えば、「かたよる」という語の場合に、「偏る」と表記するか、「片寄る」と表記するか、「ひとり」という語の場合に、「独り」と表記するか、「一人」と表記するかなど、常用漢字1字の訓同士でない場合についても取り上げていない。

〈使い分け例の示し方及び見方〉

1　この使い分け例は、常用漢字表に掲げる同訓字のうち、

133項目について示した。それぞれの項目は五十音順に並べてある。

2　項目に複数の訓が並ぶ場合は、例えば、「あがる・あげる」「うまれる・うむ」のように、五十音順に並べてある。

3　それぞれの項目ごとに、簡単な説明と用例を示すことで、使い分けの大体を示した。簡単な説明には、主として、その語の基本となる語義を挙げてある。また、そこで示した語義と用例とがおおむね対応するように、それぞれの順序を考慮して配列してある。例えば、項目「あてる」のうち、「当てる」は、

【当てる】触れる。的中する。対応させる。
胸に手を当てる。ボールを当てる。くじを当てる。仮名に漢字を当てる。

と示してある。この例では、「当てる」の語義「触れる」の用例として「胸に手を当てる。」、語義「的中する」の用例として「ボールを当てる。くじを当てる。」、語義「対応させる」の用例として「仮名に漢字を当てる。」がそれぞれ対応している。全ての項目の語義と用例は、このような考え方に基づいて並べてある。

なお、この使い分け例では、同訓字の使い分けの大体を示すことが目的であるので、語義の示し方やその取上げ方についても、当該の目的に資する限りにおいて便宜的に示すものである。したがって、例えば、見出し語の「変える・変わる」の場合、それぞれの語に対応させて、語義を「前と異なる状態にする。前と異なる状態になる」とはせず、2語の共通語義という扱いで、「前と異なる状態になる」だけを示してある。

4　使い分けを示すのに、対義語を挙げることが有効である場合には、

のぼる【上る】（↔下る）。【昇る】（↔降りる・沈む）。

というように、「↔」を用いてその対義語を示した。

また、各項目の用例の中には、

小鳥が木の枝に止（留）まる*。末永（長）く契る*。

というように、括弧を付して示したものがある。これは、例えば、「括弧外の漢字」である「止」に代えて「括弧内の漢字」である「留」を用いることもできるということを示すものである。なお、このことは、括弧の付いていない漢字について、その漢字に代えて別の漢字を用いることを否定しようとする趣旨ではない。

5　必要に応じて使い分けの参考となる補足説明を示した。当該の補足説明が何に対する補足説明であるのかを明示するために、

> ① **【有る*】（↔無い）。備わる。所有する。ありのままである。**
>
> ② **【足】足首から先の部分*。歩く、走る、行くなどの動作に見立てたもの。**
>
> ③ **【会う】主に人と人が顔を合わせる。**
> 客と会う時刻。人に会いに行く。駅でばったり友人と会った*。投票に立ち会う。二人が出会った場所**。

というように、対象となる部分（①は「見出し語」、②は「語義」、③は「用例」）に「*」を付した。また、③のように、1項目の中に、補足説明の対象となるものが二つある場合には、「*」と「**」を付して示した。

補足説明には、

> *　「勧める」と「薦める」の使い分けについては、例えば、「読書」といった行為（本を読む）をするように働き掛けたり、促したりする場合に「勧める」を用い、「候補者」や「良書」といった特定の人や物がそれにふさわしい、望ましいとして推薦する場合に「薦める」を用いる。
>
> *　「校長をはじめ、教職員一同……」などという場合の「はじめ」については、多くの人や物の中で「主たるもの」の意で「始」を当てるが、現在の表記実態としては、仮名で書かれることも多い。

というように、使い分けの要点や、一般的な表記の実態などを必要に応じて示した。上記の「はじめ」の補足説明のように、常用漢字表にある訓であっても、漢字より仮名で書く方が一般的である場合などについても示した。

なお、上記４で述べた用例中に括弧が付いているものについては、その全てに、「括弧外の漢字」と「括弧内の漢字」の使い分けに関わる補足説明を示した。

◉「あう」

「会」「合」「遭」の使い分けについては、下記の語義との関係を踏まえて見ていただければ、余り迷うことはないと思う。

補足説明にある「であう」と「めぐりあう」、特に「であう」については、「出会う」か「出合う」かで迷うことがあるかもしれない。現在の表記実態からすると、「出合う」よりも「出会う」の方が広く使われている。この点を押さえた上で、「川や道路等が合流する」意や「思わぬことや好ましくない出来事に出くわす」意で用いる場合には「出合う」を、それ以外は「出会う」を使うと考えておけば、そう困ることはないと思う。

補足説明では触れられていないが、「出合相場」「出合注文」「出合茶屋」なども慣用として「合」を用いる。

なお、「思わぬことや好ましくない出来事と出くわす」意で「出合う」でなく、「出遭う」を用いることも考えられるが、国語辞典でも「であう」の見出し表記に「出会う」「出合う」と並べて「出遭う」を掲げているもの

あう　001

【会う】主に人と人が顔を合わせる。
客と会う時刻。人に会いに行く。駅でばったり友人と会った*。投票に立ち会う。二人が出会った場所**。

【合う】一致する。調和する。互いにする。
意見が合う。答えが合う。計算が合う。目が合う。好みに合う。部屋に合った家具。割に合わない仕事。会議で話し合う。幸運に巡り合う**。

【遭う】思わぬことや好ましくない出来事に出くわす。
思い掛けない反対に遭う。災難に遭う。にわか雨に遭う。

*「駅でばったり友人とあった」の「あう」については,「思わぬことに出くわす」という意で「遭」を当てることもあるが,「友人と顔を合わせる」という視点から捉えて,「会」を当てるのが一般的である。
**「出会う」は,「人と人が顔を合わせる」意だけでなく,「生涯忘れられない作品と出会う」のように,「その人にとって強い印象を受けたもの,価値あるものなどに触れる」意でもよく使われる。また,「事故の現場に出合う」や「二つの道路が出合う地点」のように,「思わぬことや好ましくない出来事に出くわす。合流する」意では「出合う」と表記することが多い。
「巡りあう」の「あう」についても,「互いに出くわす」意で「合」を当てるが,「出くわす」ものが人同士の場合には「人と人が顔を合わせる」という視点から捉えて,「会」を当てることもできる。

は余りない。現在の表記としては「合」を用いる方が一般的である。関連して言えば、「であい頭」の場合は「会」も「合」も使われている。国語辞典でも「出会い頭」「出合い頭」の両方を掲げるものが多いが、「出会い頭」又は「出合い頭」の一方だけを掲げるものもある。『新聞用語集』には「出合い頭」、平成23年の文部科学省「公用文送り仮名用例集」には「出会い頭」がそれぞれ掲げられている。

◉「あからむ」

「赤」と「明」の使い分けは、語義にあるように、「赤くなる」場合に「赤」、「明るくなる」場合に「明」を当てるということで迷うことはないと思う。

◉「あがる・あげる」

「上」「揚」「挙」の使い分けについては、語義を見ていただければ問題ないと思う。

花火が「あがる」については、「揚」と「上」のど

あからむ　　002

【赤らむ】赤くなる。
顔が赤らむ。夕焼けで西の空が赤らむ。

【明らむ】明るくなる。
日が差して部屋の中が明らむ。次第に東の空が明らんでくる。

あがる・あげる　　003

【上がる・上げる】位置・程度などが高い方に動く。与える。声や音を出す。終わる。
二階に上がる。地位が上がる。料金を引き上げる。成果が上がる。腕前を上げる。お祝いの品物を上げる。歓声が上がる。雨が上がる。

【揚がる・揚げる】空中に浮かぶ。場所を移す。油で調理する。
国旗が揚がる。花火が揚(上)がる*。たこ揚げをして遊ぶ。船荷を揚げる。海外から引き揚げる。天ぷらを揚げる。

【挙がる・挙げる】はっきりと示す。結果を残す。執り行う。こぞってする。捕らえる。
例を挙げる。手が挙がる。勝ち星を挙げる。式を挙げる。国を挙げて取り組む。全力を挙げる。犯人を挙げる。

* 「花火があがる」は,「空中に浮かぶ」花火の様子に視点を置いて「揚」を当てるが,「空高く上がっていく(高い方に動く)」花火の様子に視点を置いた場合には「上」を当てることが多い。

ちらを用いることも可能であること、また、その理由は補足説明にあるとおりであるが、更に言えば、三つの漢字の中で「上」が最も広く使われていることや、「打ち上げ花火」という語が別にあることからの影響もあって、現在の表記実態としては「上」を当てることが多い。

なお、同じ「引きあげる」でも、「海外から引き揚げる」場合は「場所を移す」意で「揚」を当てるが、「賃金を引き上げる」場合は「位置・程度などが高い方に動く」意で「上」を用いる。

◉「あく・あける」

「明」「空」「開」のうち、「空」は「からになる」意、「開」は「ひらく」意で用いるということで、使い方が限られているので分かりやすい。「明」については、典型的な使い方が用例に掲げられているので、語義とともにこれらを押さえておけば「明・空・開」の使い分けにそれほど困ることはないと思う。ちなみに「水をあける」は、見た限りの国語辞典の見出し表記では「あける」と仮名表記になっている。『読売新聞用字用語の手引き　第3版』にも〈「水をあける」（＝引き離す）は仮名書き〉とある。また、「ドアが開く」は「あく」と「ひらく」のどちらでも読めるので、特に区別する必要がある場合には仮名書きか、振り仮名を使うことになる。

あく・あける	004
【明く・明ける】目が見えるようになる。期間が終わる。遮っていたものがなくなる。 子犬の目が明く。夜が明ける。年が明ける。喪が明ける。らちが明かない。	
【空く・空ける】からになる。 席が空く。空き箱。家を空ける。時間を空ける。	
【開く・開ける】ひらく。 幕が開く。ドアが開かない。店を開ける。窓を開ける。そっと目を開ける。	

なお、「空」と「開」に、「あく」という訓が追加されるのは、昭和23年の当用漢字音訓表を改定した昭和48年の当用漢字音訓表においてである。23年の音訓表では、「明」だけに「あく」という訓が挙げられていた。

◉「あし」

「足」と「脚」の使い分けについては、語義との関係から見ていただければ、困ることは余りないと思う。補足説明にもあるように、「足」は「脚」の意味でも使われること

あし	005
【足】	**足首から先の部分*。歩く，走る，行くなどの動作に見立てたもの。** 足に合わない靴。足の裏。足しげく通う。逃げ足が速い。出足が鋭い。客足が遠のく。足が出る。
【脚】	**動物の胴から下に伸びた部分。また，それに見立てたもの。** キリンの長い脚。脚の線が美しい。机の脚（足）*。

* 「足」は，「脚」との対比においては「足首から先の部分」を指すが，「足を組む」「足を伸ばす」「手足が長い」など，「胴から下に伸びた部分」を指して用いる場合もある。「机のあし」に「足」を当てることができるのは，このような用い方に基づくものである。

から、「足」のうち「胴から下に伸びた部分」の、細長い形状を明確に表現したい場合に「脚」を用いることになる。

したがって、「足音」「足並み」「足取り」「足踏み」「足手まとい」「足止め」「足跡」など、「あし」に関わる語の表記は「足」を用いるのが一般的である。ただ、「ひあし」「あまあし」「ふなあし」などは、「日脚・日足」「火脚・火足」「雨脚・雨足」「船脚・船足」と国語辞典の見出し表記でも「足」と「脚」の両方を掲げている。

「ひあし」「あまあし」などの表記に「足」を用いるか、「脚」を用いるかについて、「足」の語義「歩く、走る、行くなどの動作に見立てたもの」、「脚」の語義「また、それ（＝下に伸びた部分）に見立てたもの」のどちらのイメージが自分のイメージに合うかという視点で見ていただいても面白いと思う。

『新聞用語集』では「雨脚」「日脚」「船脚」と「脚」

の方が採られており、「火あし」はない。なお、昭和23年の当用漢字音訓表では、「脚」に「あし」という訓が掲げられていなかった。訓の「あし」が追加されるのは昭和48年の当用漢字音訓表においてである。

◉「あたい」

「値」と「価」の使い分けについては、「値」は「値打ち・数値」、「価」は「価格」という意で用いるのが基本である。『新聞用語集』では、「価」は「金高で表現した数量」、「値」は「ねうち、抽象的表現に」と示されている。

ちなみに、中国、北宋の詩人・文学者である蘇軾《そしょく》の「春夜」の有名な一節「春宵一刻値千金」は「値」である。「春宵の一刻は千金の値打ちがある」という意で「値」を用いる。

あたい	006
【値】	**値打ち。文字や式が表す数値。** 千金の値がある。称賛に値する。未知数 x の値を求める。
【価】	**値段。価格。** 手間に見合った価を付ける。

◉「あたたかい・あたたかだ・あたたまる・あたためる」

「温」と「暖」の使い分けに関しては、日常よく用いるだけに迷うこともあるかと思う。

ところで、昭和47年の「「異字同訓」の漢字の用法」には、「温」の用例として「温かい料理。温かな家庭。心温まる話。スープを温める。」、「暖」の用例として「暖かい心。暖かな毛布。暖まった空気。室内を暖める。」が掲げられていた。平成26年の「使い分け例」では「暖かい心」を「温かい心」に替え、語義「愛情や思いやりが感じられる」に対応する用例

あたたかい・あたたかだ・あたたまる・あたためる	007
【温かい・温かだ・温まる・温める】	**冷たくない。愛情や思いやりが感じられる。** 温かい料理。スープを温める。温かな家庭。心温まる話。温かい心。温かい人柄。温かいもてなし。
【暖かい・暖かだ・暖まる・暖める】	**寒くない（主に気象や気温で使う）。** 日ごとに暖かくなる。暖かい日差し。暖かな毛布。暖まった空気。室内を暖める。

として「温かい心」を掲げている。これは、昭和47年の「「異字同訓」の漢字の用法」にある「心温まる話」と「暖かい心」の二つの用例で「温」と「暖」が使い分けられていることが、「温」と「暖」の使い分けを分かりにくくしているのではないかと考えられたためである。

　また、語義を見ていただくことで、例えば、「子供の将来をあたたかく見守る」といった場合には、その語義に照らして「温」を使う方が一般的であることが類推できるようになっている。

◉「あつい」

　「熱」と「暑」の使い分けについては、語義にあるように、「温度がとても高く感じられる」また「感情が高ぶっている」場合に「熱」を、「気温が高い」場合に「暑」を当てる。「暑」の方は気温との関係で用いるだけなので、この点が押さえられていれば、使い分けに困ることはほとんどないと思う。『新聞用語集』では、「暑」は「寒の対語」、「熱」は「冷の対語」と示されている。

あつい　　　　　　　　　　　　　008

【熱い】温度がとても高く感じられる。感情が高ぶる。
お茶が熱くて飲めない。熱い湯。熱くなって論じ合う。熱い声援を送る。熱い思い。

【暑い】不快になるくらい気温が高い。
今年の夏は暑い。暑さ寒さも彼岸まで。日中はまだまだ暑い。暑い部屋。暑がり屋。

◉「あてる」

あてる　　　　　　　　　　　　　009

【当てる】触れる。的中する。対応させる。
胸に手を当てる。ボールを当てる。くじを当てる。仮名に漢字を当てる。

【充てる】ある目的や用途に振り向ける。
建築費に充てる。後任に充てる。地下室を倉庫に充てる。

【宛てる】手紙などの届け先とする。
本社に宛てて送られた書類。手紙の宛先。

　「当」「充」「宛」のうち、「宛」は使い方が「当」「充」とは異なり、極めて限定的であるので、問題となるのは「当」と「充」の使い分けである。端的にはどのような場合に

「充」を用いるのかが分かりにくいのではないかと思う。

この点に関しては、「充」の「ある目的や用途に振り向ける」という語義を踏まえることで、その使い方が明確になるはずである。「臨時の収入を生活費に充てる。」「寄付を募って活動資金に充てる。」「余暇を音楽鑑賞に充てる。」などが語義と照らし合わせることで、「充」となることは明らかであろう。

昭和47年の「「異字同訓」の漢字の用法」では「建築費に充（当）てる。保安要員に充（当）てる。」と示されていた。これは「充」の代わりに「当」を用いることができるという意味であるが、平成26年の「使い分け例」では、現在の表記実態に基づいて使い分けるというところに重点を置いたことから、「当」を括弧内には示していない。もちろん「当」を用いて「当てる」と表記することは全く問題ない。

◉「あと」

「あと」の使い分けについては、語義と用例を見ていただければよいと思うが、二点補足しておきたい。

一点は「あとつぎ」の表記についてである。「後」の用例「社長の後継ぎ」のように、語義「次に続くもの」に該当する場合には「後」を用い、「跡」の用例「旧家の跡継ぎ」のように、語義「家督」に該当する場合には「跡」を用いる。「跡取り」も同様である。ただ、「あとつぎ」の場合、意味的に重なるところがあるので、「後

あと	010
【後】（⇔先・前）。順序や時間などが遅いこと。次に続くもの。 後の祭り。後から行く。後になり先になり。事故が後を絶たない。社長の後継ぎ。	
【跡】通り過ぎた所に残された印。何かが行われたり存在したりした印。家督。 車輪の跡。船の通った跡。苦心の跡が見える。縄文時代の住居の跡。立つ鳥跡を濁さず。父の跡を継ぐ。旧家の跡継ぎ。	
【痕】傷のように生々しく残る印。 壁に残る弾丸の痕。手術の痕。台風の爪痕。傷痕が痛む。	

継者」の意味合いが強いのか、「家督を譲り受ける」という意味合いが強いのかで判断することになる。

もう一点は、「跡」と「痕」の使い分けについてである。「痕跡」という熟語があるように、「跡」も「痕」も「残された印」という意味においては共通している。そのために「跡」と「痕」のどちらを当てても問題ない場合も多い。ただ、「跡」の方が広く使われ、「痕」の方は「傷痕」など「くっきり残ったあと」に使われることが多い。そのことを前提として「跡」と「痕」の語義を見比べていただきたい、ということである。

◉「あぶら」

「油」と「脂」の使い分けのうち、「あぶら」に関わる慣用表現の多くは「油」を用いるということは確認しておいてもいいと思う。用例にも「火に油を注ぐ」「水と油」が挙げられているが、これ以外にも「油が切れる」「油を売る」「油を絞る」などがある。

「あぶらが乗る」については、現在は「脂」を用いることが定着している。各種の国語辞典や表記辞典でも「脂が乗る」と「脂」が示されている。ただ、いつから「脂」を用いることが定着したのかははっきりしない。この点に関して、参考までに以下のことを紹介しておく。『日本国語大辞典（第二版）』（小学館、平成12年）で「あぶらが乗る」を引くと、「①身体に脂肪が富んで、栄養十分である。とくに魚や鳥などの脂肪が増して味のよいさま。また、転じて色気のあるさまをもいう。」「②物事に興味を覚えて乗り気になる。調子が出

あぶら	011
【油】	常温で液体状のもの（主に植物性・鉱物性）。 事故で油が流出する。ごま油で揚げる。火に油を注ぐ。水と油。
【脂】	常温で固体状のもの（主に動物性）。皮膚から分泌される脂肪。 牛肉の脂。脂の多い切り身。脂ぎった顔。脂汗が出る。脂が乗る年頃。

て物事がおもしろいようにはかどる。」とある。同辞典では、右の①の用例として一つ、②の用例として四つ挙げているが、そのどれもが「油」である。この五つの用例のうち使われた年代が最も新しい夏目漱石のものを次に挙げておく。

・実は此側（このがは）から彼の心を動かして、旨く油（アブラ）の乗った所を（それから（1902））

また、『広辞苑』の第六版は「脂が乗る」であるが、第五版では「油」で表記されていた。「あぶらが乗る」については、「脂肪」との関係が強いことから、現在は「脂」を用いるのが一般的であるが、「油」も間違いではない。「脂」が定着していく要因としては、昭和48年の当用漢字音訓表において、「脂」に「あぶら」という訓が追加されたこと、そして、その審議資料として国語審議会漢字部会が昭和47年にまとめた「「異字同訓」の漢字の用法」の使い分けで、「脂がのる年ごろ」と、「油」でなく「脂」が示されたことが大きかったのではないかと考えている。

◉あやしい

「怪」と「妖」の使い分けについては、語義を見ていただければ困ることはないと思う。参考までに『新聞用語集　追補版』では、

＝**怪しい**〔奇怪、不気味、不安、異様〕怪しい人影、彼の日本語は怪しい…略…

＝**妖しい**〔妖艶・神秘的〕妖しい魅力…略…

と示されている。

なお、「妖」は、平成22年に常用漢字表が改定された時に追加された漢字である。

あやしい	012
【怪しい】疑わしい。普通でない。はっきりしない。 挙動が怪しい。怪しい人影を見る。怪しい声がする。約束が守られるか怪しい。空模様が怪しい。 **【妖しい】なまめかしい。神秘的な感じがする。** 妖しい魅力。妖しく輝く瞳。宝石が妖しく光る。	

◉「あやまる」

「誤」と「謝」の使い分けについては、「誤」は「間違う」意で、「謝」は「わびる・謝罪する」意で用いるということで、迷うことはほとんどないと思う。

なお、「誤る」に似た言葉として「あやまつ」（本来、「あやまる」の他動詞形）があるが、この場合は「過つ」と「過」を用いるので、ここで、併せて確認しておいてもいいかと思う。

あやまる	013
【誤る】間違う。 使い方を誤る。誤りを見付ける。言い誤る。	
【謝る】わびる。 謝って済ます。落ち度を謝る。平謝りに謝る。	

◉「あらい」

「荒」と「粗」の使い分けに関連して、一点だけ補足しておきたい。それは「荒い」の語義「乱暴である」と「粗い」の語義「雑である」の意味的なつながりについてである。具体的に言えば、「丁寧に塗る」の反対の意味で「雑に塗る」とも「乱暴に塗る」とも言えるということである。「あらぬり」「あらけずり」「あらかべ」などが「粗塗り・荒塗り」「粗削り・荒削り」「粗壁・荒壁」と二通りの表記が可能なのはそのためでもある。

あらい	014
【荒い】勢いが激しい。乱暴である。 波が荒い。荒海。金遣いが荒い。気が荒い。荒療治。	
【粗い】細かくない。雑である。 網の目が粗い。きめが粗い。粗塩。粗びき。仕事が粗い。	

国語辞典でも両方の表記を載せているものが多い。ちなみに、平成23年の文部科学省「公用文送り仮名用例集」には「荒削り・粗削り」と二表記が掲げられているが、『新聞用語集』では「粗削り」だけが示されている。

◉「あらわす・あらわれる」

「表」「現」「著」の使い分けで、特に問題となるのは、「表」と「現」の使い分けだと思う。この使い分けの要点は「もともと存在していて隠れて（隠して）いたものか否か」ということである。

すなわち、もともと存在していて隠れて（隠して）いたものが外に見えるようになる場合には「現」、そうでなく、表示（表明）する、表面化する形で外に見えるようになる場合には「表」を用いるということである。この違いを意識して、「表」と「現」の語義と用例を改めて確認していただきたいと思う。ただ、「表現」という語があるように、意味的に重なる部分があるので、どちらの字を当てることも可能な場合が少なくない。

あらわす・あらわれる	015
【表す・表れる】思いが外に出る。表現する。表に出る。 喜びを顔に表す。甘えが態度に表れる。言葉に表す。不景気の影響が表れる。 **【現す・現れる】隠れていたものが見えるようになる。** 姿を現す。本性を現す。馬脚を現す。太陽が現れる。救世主が現れる。 **【著す】本などを書いて世に出す。** 書物を著す。	

◉「ある」

「有」と「在」の使い分けについては、二点確認しておきたい。一点目は、「有」や「在」という漢字を当てるのは、現在は用例に挙げられているようなもの以外には余りないということである。別言すれば、用例に挙がっているものを含めて、仮名書きされることが多いということである。例えば、「在り方」でなく「あり方」

ある	016
【有る*】（⇔無い）。備わる。所有する。ありのままである。 有り余る才能。有り合わせの材料で作った料理。有り金。有り体に言えば。 **【在る*】存在する。** 財宝の在りかを探る。教育の在り方を論じる。在りし日の面影。	
*「財源がある」「教養がある」「会議がある」「子がある」などの「ある」は,漢字で書く場合,「有」を,また,「日本はアジアの東にある」「責任は私にある」などの「ある」は「在」を当てるが,現在の表記実態としては,仮名書きの「ある」が一般的である。	

もよく使われているのが実態である。

二点目は、現在の表記実態について記述されている下段の補足説明に関連してである。ここに記述されている内容は、公用文表記の原則でもあることを確認していただきたいということである。具体的には、「公用文における漢字使用等について」の中の、⑵「常用漢字表」の本表に掲げる音訓によって語を書き表すに当たっては、次の事項に留意する。」の「キ」に「次のような語句を、（　）の中に示した例のように用いるときは、原則として、仮名で書く。」とあり、その「例」の最初に、

ある（その点に問題がある。）

と示されている。

平成23年の文部科学省「用字用語例」では、動詞「ある」は「ある」「有る」「在る」の三表記を使い分けることになっている。順に「その点に問題がある」「財産が有る、有り・無し、有り金」「日本はアジアの東に在る」という用例が掲げられている。この使い分けに関しては、「有」は「無」の対義語として「実際にある」場合に用い、「在」は「存在」の意を明確にしたい場合に用いる、というのが基本的な考え方である。

◉「あわせる」

「合」と「併」の使い分けで、迷うことがあるとすれば、「二つの会社をあわせる」というような場合ではないだろうか。「合併」という語があるように「併」にも「合」と同様「一つにする」という意味がある。昭和47年の「「異字同訓」の漢字の用法」では、「二つの会社

あわせる	017
【合わせる】一つにする。一致させる。合算する。 手を合わせて拝む。力を合わせる。合わせみそ。時計を合わせる。調子を合わせる。二人の所持金を合わせる。	
【併せる】別のものを並べて一緒に行う。 両者を併せ考える。交通費を併せて支給する。併せて健康を祈る。清濁併せのむ。	

を併せる。」という用例が掲げられていたが、平成26年の「「異字同訓」の漢字の使い分け例」では、この用例は外されている。

これは現在の表記実態からすると、「合」を用いる方が一般的である、と判断されたためである。もちろん、右の経緯からも明らかなように、「併」を用いても全く問題ない。ただ「併」は語義にあるように、現在は「別のものを並べて一緒に行う」意で使われることが多い。すなわち「何かを並べて両立させる」という意味合いで用いられることが多い。「一つにまとめる。一つにする」意では、「合」と「併」のどちらも使うことができるが、現在では「合」の方が一般的である。

要するに、「あわせる」の使い分けについては、「別のものを並べて一緒に行う」意で「併」を用い、それ以外は「合」を用いると整理しておけば、それほど困ることはないと思う。

この点を意識して、「併」と「合」それぞれの用例を改めて見ていただくと、使い分けの要点がより明確になると思う。

◉「いく・ゆく」

「行」と「逝」の使い分けに関して一点だけ補足しておくと、「逝」の字に「セイ・ゆく」に加え、訓「いく」が常用漢字表に掲げられたのは、平成22年の常用漢字表からである。それまでは用例にある「安らかに逝った」などは、公用文においては、表外訓となる「逝」を使わずに「安らかにいった」と仮名書きにするのが原則であった。

この点に関連して言え

いく・ゆく	018
【行く】移動する。進む。過ぎ去る。 電車で行く。早く行こう。仕事帰りに図書館に行った。仕事がうまく行かない。行く秋を惜しむ。 【逝く】亡くなる。 彼が逝って３年たつ。安らかに逝った。多くの人に惜しまれて逝く。	

ば、平成22年の常用漢字表の改定以前に、
常用漢字表では「逝」の訓を「ゆく」としか掲げないが、「行（ゆく・いく）」に準じて、表内訓として使うことができる。

という注記とともに、「岳父は眠るがごとくに逝（い）った」という用例を掲げていた国語辞典もある。ちなみに「いく」という訓を常用漢字の「逝」に追加するかどうかを審議する過程で、この注記についても取り上げられ検討されている。

◉「いたむ・いためる」

「痛」「傷」「悼」のうち「悼む」は使い方がはっきりしていて迷うことがないので、「痛」と「傷」の使い分けについて補足しておきたい。それぞれの語義を見ると、「痛む」は、「肉体や精神に苦痛を感じる」、「傷む」は、「傷が付く」「壊れる」「質が劣化する」とある。

ここから、大きくは「人が苦痛を感じる」場合には「痛」を用い、「主にものが駄目になる」場合には「傷」を用いると整理できる。なお、「傷」で「主にもの」としたのは、「心をいためる」などの場合には、「傷」と「痛」のどちらも用いることが可能であるからである。「傷心」「心痛」という語との対応を考えていただくと、分かりやすいと思う。

いたむ・いためる	019
【痛む・痛める】肉体や精神に苦痛を感じる。 足が痛む。腰を痛める。今でも胸が痛む。借金の返済に頭を痛める。	
【傷む・傷める】傷が付く。壊れる。質が劣化する。 引っ越しで家具を傷める。家の傷みがひどい。髪が傷む。傷んだ果物。	
【悼む】人の死を嘆き悲しむ。 故人を悼む。親友の死を悼む。	

◉「いる」

「入」と「要」の使い分けについては、語義を見て

いる	020
【入る】中にはいる。ある状態になる。 念入りに仕上げる。仲間入り。気に入る。恐れ入る。悦に入る。	
【要る】必要とする。 金が要る。保証人が要る。親の承諾が要る。何も要らない。	

いただければ迷うことはないと思う。「入る」は「中や、ある状態にはいる」意で、「要る」は「必要である」意で用いる。

「入る」は、動詞「はいる」がある関係で、慣用表現（悦に入る、堂に入る）や複合動詞（痛み入る、恐れ入る、恥じ入る）、複合名詞（念入り、深入り、入り江）として使われることが多い。

また、「保証人が要る」「体力が要る」「遠慮は要らない」「必要である」などについては、「要」を当てるが、仮名で書かれることも多い。

◉「うける」

「受」と「請」の使い分けについては、「請」の方が「仕事

うける	021
【受ける】与えられる。応じる。好まれる。 注文を受ける。命令を受ける。ショックを受ける。保護を受ける。相談を受ける。若者に受ける。	
【請ける】仕事などを行う約束をする。 入札で仕事を請ける。納期を請け合う。改築工事を請け負う。下請けに出す。	

などを行う約束をする」という限定的な意で使われるのに対し、「受」はそれ以外の広い範囲で使う、というのが基本である。この点を押えておけば、迷うことは余りないと思う。

◉「うた」

「歌」と「唄」の使い分けについては、「唄」の方は語義に「邦楽・民謡など」とあるように、用いる範囲が限定されている。これに対して、「歌」は一般用語として広く用いる。

用例に示されている「小唄・長唄・馬子唄」や「端唄・地唄」などは「唄」、それ以外の場合は「歌」を用いるというのが使い分

うた	022
【歌】曲の付いた歌詞。和歌。 小学校時代に習った歌。美しい歌声が響く。古今集の歌。	
【唄】邦楽・民謡など。 小唄の師匠。長唄を習う。馬子唄が聞こえる。	

けの基本である。

◉「うたう」

「歌」と「謡」の使い分けであるが、こちらの方が「うた」の使い分けよりも迷うことがあるかもしれない。使い分けの基本は、「謡曲」の場合は「謡う」を用い、「歌う」は一般用語として広く用いる、ということである。

では、「小唄」や「馬子唄」などを「うたう」場合の表記はどうするか。「唄」は、平成22年の常用漢字表の改定時に加えられた字で、読みは訓の「うた」だけが採用され、動詞としての訓「うたう」は採用されなかった。したがって、仮に公用文で「小唄をうたう」と表記する場合には、

うたう	023

【歌う】節を付けて声を出す。
童謡を歌う。ピアノに合わせて歌う。

【謡う】謡曲をうたう。
謡曲を謡う。結婚披露宴で「高砂《たかさご》」を謡う。

一般用語でかつ表内訓である「歌う」を用いるか、仮名書きで「うたう」と表記するのが原則となろう。

なお、『新聞用語集　追補版』では、

（謳△）→**うたう**〔強調する〕うたい文句、効能をうたう、
条文の中にうたう

（唄•）→**うたう**―小唄をうたう

と示されていて、どちらも仮名で書くことになっている。右の「△」は表外漢字、「•」は表外音訓を表す。

◉「うつ」

「討」と「撃」を使う場合については、語義を見ていただければ余り迷うことはないと思う。『新聞用語集』には「討つ」の「注」として「やや古風な表現に」という記述があるが、左記の用例に加えて「討」を用いる「討ち死に」「だまし討ち」「返り討ち」「上意討ち」などを思い浮かべていただくと、この「注」の意味が

より明確になると思う。

逆に言えば、「注」は「討」を当てるかどうかを判断する際の参考情報ともなる。

基本的には、「うつ」に関しては、「打」が広く用いられ、「相手を攻め滅ぼす」場合には「討」、「弾丸などを発射する」場合には「撃」を用いる、と整理できる。少し面倒なのは、次のような語を表記する場合には、意味に応じて二通りの表記が生じることである。

①「打ち取る／討ち取る」

②「打ち落とす／撃ち落とす」

③「打ち込む／撃ち込む」

うつ	024
【打つ】強く当てる。たたく。あることを行う。 くぎを打つ。転倒して頭を打つ。平手で打つ。電報を打つ。心を打つ話。碁を打つ。芝居を打つ。逃げを打つ。 **【討つ】相手を攻め滅ぼす。** 賊を討つ。あだを討つ。闇討ち。義士の討ち入り。相手を討ち取る。 **【撃つ】鉄砲などで射撃する。** 拳銃を撃つ。いのししを猟銃で撃つ。鳥を撃ち落とす。敵を迎え撃つ。	

具体的には、①は「一塁ゴロに打ち取る／敵の大将を討ち取る」など、②は「木の実を打ち落とす・首を打ち落とす／猟銃で鳥を撃ち落とす」など、③は「くいを打ち込む・研究に打ち込む／敵陣に砲弾を撃ち込む」などと書き分けることになる。これらに類する語はまだほかにもあるが、語義を踏まえれば、それほど迷うことはないと思う。

ただ「不意うち」などは、国語辞典の見出し表記でも「不意討ち・不意打ち」と両方を掲げるもの、「不意打ち」だけのもの、「不意打ち（不意討ち）」とするもの、「不意討（ち）・不意撃（ち）」とするものなどに分かれる。これらは語義との関係を考えれば、どれも成り立つことが了解されよう。

平成23年の「文部科学省公用文送り仮名用例集」には、「不意打ち」「不意討ち」の二つが示されている。語義にある「相手を攻め滅ぼす」といった意味を明確にしたい場合には「討」を使うことになろうが、現在は「不意打ちの試験」など「攻め滅ぼす」という意味を伴わないような使い方も多いことから、『新聞用語集』では、「不意討ち」は使わず、「不意打ち」に統一している。

◉「うつす・うつる」

「うつす・うつる」の「写」と「映」の使い分けについては、「写」の場合は「そっくりそのまま」というのが基本イメージ

うつす・うつる	025
【写す・写る】そのとおりに書く。画像として残す。透ける。 書類を写す。写真を写す。ビデオに写る*。裏のページが写って読みにくい。	
【映す・映る】画像を再生する。投影する。反映する。印象を与える。 ビデオを映す*。スクリーンに映す。壁に影が映る。時代を映す流行語。 鏡に姿が映る。彼の態度は生意気に映った。	
* 「ビデオに写る」は，被写体として撮影され，画像として残ることであるが，その画像を再生して映写する場合は「ビデオを映す」と「映」を当てる。「ビデオに映る姿」のように，再生中の画像を指す場合は「映」を当てることもある。また，防犯ビデオや胃カメラなど，撮影と同時に画像を再生する場合も，再生する方に視点を置いて「ビデオに映る」と書くこともできる。	

である。「書類の写し」や「論文の丸写し」の「（丸）写し」、「彼は亡くなった父親に生き写しである」の「生き写し」などの用例を思い浮かべると、その基本イメージがはっきりすると思う。「写真を写す」や「裏のページが写る」のも、「そっくりそのまま」に、ということである。

「映」の方は「鏡や水面などの表面に物の姿や影が現れる」ということである。用例に挙げられた「時代を映す流行語」は「流行語にその時代の姿が現れている」のであり、「彼の態度は生意気に映った」は「彼の態度に生意気さが現れている」ということである。

ただ上記の語義は、利用者の便宜を考えて、分かりやすく細分化して示されている。

◉「うまれる・うむ」

「生」と「産」の使い分けもはっきりしている。「母

の体外に出る」という意味で「産」を用いる以外は、「生」を用いるのが基本である。

別言すれば、「産」が使われる場合はかなり限られているということである。

語義との関係を考えれば、同じ「うみの苦しみ」でも、出産に伴う苦しみであれば「産みの苦しみ」、芸術作品などの創作に伴う苦しみであれば「生みの苦しみ」となる。ただ、「うつ（打・討・撃）」の場合と違って、どちらの表記も成り立つ、このようなケースはほとんどないと言ってよい。

うまれる・うむ	026
【生まれる・生む】誕生する。新しく作り出す。 京都に生まれる。子供が生まれる*。下町の生まれ。新記録を生む。傑作を生む。 **【産まれる・産む】母の体外に出る。** 予定日が来てもなかなか産まれない。卵を産み付ける。来月が産み月になる。	
*「子供がうまれる」については，「母の体外に出る（出産）」という視点から捉えて，「産」を当てることもあるが，現在の表記実態としては，「誕生する」という視点から捉えて，「生」を当てるのが一般的である。	

◉「うれい・うれえる」

「憂」と「愁」の使い分けについては、「憂」の方は「不安・心配」の意で、「愁」の方は「悲しみ・嘆き」の意で用いるのが基本である。『言葉に関する問答集　総集編』（文化庁、平成7年）には、

換言すれば、「憂」は、能動的、知能的な「おそれ・心配」ということであり、「愁」は、情緒的・心情的な「ふさぎ」ということである。

結局のところ、「憂い」は、心配の場合に用い、「愁い」は、嘆き、悲しみ、悩みなどがあって物思いにふける心情の場合に用いるのが普通である。

うれい・うれえる	027
【憂い*・憂える】心配すること。心を痛める。 後顧の憂い。災害を招く憂いがある。国の将来を憂える。 **【愁い*・愁える】もの悲しい気持ち。嘆き悲しむ。** 春の愁い。愁いに沈む。友の死を愁える。	
*「うれい（憂い・愁い）」は，「うれえ（憂え・愁え）」から変化した言い方であるが，現在は，「うれい」が一般的である。	

とある。「愁」に「うれい・うれえる」という訓が追加されるのは、昭和23年の当用漢字音訓表を改定した昭和48年の当用漢字音訓表においてである。昭和23年の音訓表では、「愁」の音の「シュウ」だけが示されていた。

◉「おかす」

「犯」「侵」「冒」の使い分けについては、語義を見て判断すれば、特に困ることはないと思う。

ここでは、平成26年の「使い分け例」を作成する過程で、特に議論となった点を紹介しておきたい。それは、「冒す」の用例に挙がっている「尊厳を冒す」の「おかす」をどの字で示すか、ということである。

インターネットで検索すると、「犯す」「侵す」「冒す」の三つの表記の全てが使われている。国語辞典の用例などでも「侵す」と「冒す」に分かれている。また、「尊厳」の語釈の中で「…気高く犯しがたいこと。…」とする国語辞典もある。さらに、ある『漢字使い分け辞典』には、「注意」として、

「面《おもて》を冒（犯）す（はばかることなく相手をいさめる）」「尊厳を冒（犯）す」などは、両方の書き方が行なわれている。

との記述がある。

これらの実態を考えると、どの字で示すかが特に議論になったことが了解されよう。『新聞用語集』では「尊厳を冒す」である。最終的には、「犯」「侵」「冒」それぞれの字の意味を中心に検討し、「冒瀆《ぼうとく》」という語など

おかす	028
【犯す】法律や倫理などに反する。 法を犯す。過ちを犯す。罪を犯す。ミスを犯す。	
【侵す】領土や権利などを侵害する。 国境を侵す。権利を侵す。学問の自由を侵す。	
【冒す】あえて行う。神聖なものを汚す。 危険を冒す。激しい雨を冒して行く。尊厳を冒す。	

も考え合わせて、用例にあるように「冒」で示すこととなった。

◉「おくる」

「送」と「贈」の使い分けについては、「感謝や祝福などの気持ちを表すために金品などを与えたり、官位や称号などを与えたりする」場合には「贈」、広い意味で「人やものなどの移動」に関わる場合には「送」を用いるというのが基本である。

したがって、「お歳暮をおくる」の「おくる」については「送る」と「贈る」の二つの表記が生じ得る。例えば「宅配便でお歳暮を送る」「お世話になった方にお歳暮を贈る」などと書き分けることになる。この辺りについては迷うこともあるかもしれないが、「送付」と「感謝」のどちらの方に実質があるかを考えて判断すればいいと思う。

おくる	029
【送る】届ける。見送る。次に移す。過ごす。 荷物を送る。声援を送る。送り状。卒業生を送る。順に席を送る。楽しい日々を送る。 **【贈る】金品などを人に与える。** お祝いの品を贈る。感謝状を贈る。名誉博士の称号を贈る。	

◉「おくれる」

「おくれる」のうち、「後」に「おくれる」という訓が追加されたのは、昭和23年の当用漢字音訓表を改定した昭和48年の当用漢字音訓表においてである。別の言い方をすれば、昭和23年から48年までの25年間、表内

おくれる	030
【遅れる】時刻や日時に間に合わない。進み方が遅い。 完成が遅れる。会合に遅れる。手遅れになる。開発の遅れた地域。出世が遅れる。 **【後れる】後ろになる。取り残される。** 先頭から後(遅)れる*。人に後(遅)れを取る*。気後れする。後れ毛。死に後れる。	
*「先頭からおくれる」については,「先頭より後ろの位置になる」という意で「後」を当てるが,「先頭より進み方が遅い」という視点から捉えて,「遅」を当てることもできる。 また,「人におくれを取る」についても,このような考え方で,「後」と「遅」のそれぞれを当てることができる。	

訓としては「遅」にだけ「おくれる」という訓が認められていた。このような経緯もあって、訓「おくれる」については、平成26年の「使い分け例」を作成する過程でも、「遅」が広くかつ頻度高く使われていることが確認されている。『新聞用語集』では「遅れる」の方を「一般用語」とした上で、

＝後れる〔限定用語。先の対語。取り残される〕後れ毛、後れを取る〈負ける〉、気後れ、死に後れる

と「後れる」を「限定用語」と位置付けている。この扱いには、右のような経緯と表記の実態が反映されている。「後れる」の用例の中で「後（遅）」という示し方がされているのもやはり表記の実態を踏まえたものである。

なお「手おくれ」については、語義「時刻や日時に間に合わない」と対応させて「遅」の方で示されているが、国語辞典の見出し表記では「手遅れ・手後れ」と併記しているものが多い。「手後れ」と表記することは全く問題ないが、用例で「手遅（後）れ」と括弧を付して「後」を示さなかったのは、表記の実態として「後」に比べ「遅」の方がかなり頻度高く用いられていることを考慮したためである。

また、「開発のおくれた地域」については、語義「進み方が遅い」と対応する形で「遅」の方で示されているが、これについても「手おくれ」と同様の考え方で「遅」のみが示されている。

◉「おこす・おこる」

おこす・おこる　031

【起こす・起こる】立たせる。新たに始める。発生する。目を覚まさせる。
体を起こす。訴訟を起こす。事業を起こす*。持病が起こる。物事の起こり。やる気を起こす。事件が起こる。朝早く起こす。

【興す・興る】始めて盛んにする。
産業を興す。国が興る。没落した家を興す。

* 「事業をおこす」の「おこす」については，「新たに始める」意で「起」を当てるが，その事業を「（始めて）盛んにする」という視点から捉えて，「興」を当てることもできる。

「起」と「興」の使い分けについては、補足説明にある「事業をおこす」についてだけ補足しておきたい。「起」を使う場合は、「新たに始める」意であり、これは「起業」や「起業家」という語と同じ意で「起」を用いるものである。これに対して、「興」を使う場合は語義にあるように、「始めるだけでなく、盛んにする」ところまでを含むものである。どちらを当てることもできるが、「起」と「興」とでは、その意味合いが少し異なることに留意する必要がある。

◉「おさえる」

「押」と「抑」の使い分けに関しては、語義と用例を確認していただければ、余り困ることはないと思う。どちらも「動かないようにする」という共通の意があるが、「抑」の方は「ある動きや勢いをおさえ付けて動きを止める」というところに重点がある。

おさえる	032
【押さえる】力を加えて動かないようにする。確保する。つかむ。手などで覆う。 紙の端を押さえる。証拠を押さえる。差し押さえる。要点を押さえる。耳を押さえる。 **【抑える】勢いを止める。こらえる。** 物価の上昇を抑える。反撃を抑える。要求を抑える。怒りを抑える。	

◉「おさまる・おさめる」

「収」「納」「治」「修」の使い分けに関しては、迷うことが多いと思う。異字同訓の中でも使い分けが難しいものの一つである。特に「収」と「納」の使い分けには迷うことが多いのではないだろうか。そこで、考え方としては、比較的使い方が明確である「治」と「修」をまず区別して、その後、「収」か「納」かを判断するというのが分かりやすいように思う。

「治」と「修」は語義と用例を確認していただければ使い方が比較的限定されていることが了解されよう。すなわち「治癒」「統治」の意で「治」を、「修養」「修得」

の意で「修」を用いる。

次に、「治」と「修」が当たらないものに対し「収」か「納」かを考える。国語辞典等を見ても、「収」と「納」の使い分けに関しては、それほど明確に示されているわけではない。これは、別言すればどちらでも構わない場合が多いということでもある。

「収」は「収蔵」「収束」「収得」などの意で用い、「納」は「あるべきところ、しかるべきところにきちんと入れる」「終わりにする」などの意で用いる、というのが使い分けの基本となる。

以上のことを頭に入れた上で改めて「収」と「納」の語義と用例を読んでいただくと、「収」と「納」の使い分けに関して、かなり明確になるのではないだろうか。参考までに『新聞用語集』では、「収」と「納」の使い分けに関して、

＝**収まる・収める**〔収容、収拾、取り込む〕争いが収まる、怒りを収める、インフレが収まる、風が収まる、カメラに収める、成果を収める、不平が収まらない、丸く収まる、利益を収める

＝**納まる・納める**〔納付、納入、落ち着く〕いすに納まる、納まり返る、棺に納まる、聞き納め、仕事納め、写真・ビデオに納まる、税金を納める、得意先に品物を納める、見納め、胸に納める

おさまる・おさめる　０３３

【収まる・収める】中に入る。収束する。手に入れる。良い結果を得る。
博物館に収まる。目録に収める。争いが収まる。丸く収まる。手中に収める。効果を収める。成功を収める。

【納まる・納める】あるべきところに落ち着く。とどめる。引き渡す。終わりにする。
国庫に納まる。税を納める。社長の椅子に納まる。胸に納める。注文の品を納める。歌い納める。見納め。

【治まる・治める】問題のない状態になる。統治する。
痛みが治まる。せきが治まる。領地を治める。国内がよく治まる。

【修まる・修める】人格や行いを立派にする。身に付ける。
身を修める。学を修める。ラテン語を修める。

というように示されている。

◉「おす」

「押」と「推」の使い分けについては、語義を見ていただければ、余り迷うことはないと思う。

「押す」の基本イメージは「様々な形で力を加える」ことである。一方、「推す」は「推薦・推挙」「推測・推察・推量」「推進」の意で用いる。

「おし進める」については、用例にあるように「推進する」意では「推し進める」と表記するが、「押して前に進める。前進する」意では、例えば、「荷車を押し進める」などと「押」を用いる。また、「けがを押して競技会に出場する」「反対意見を押し切る」など「困難や反対があることを承知の上であえて行う（無理に行う。無理な力を加える）」といったニュアンスを伴う場合にも「押」を用いる。

おす	０３４
【押す】上や横などから力を加える。 ベルを押す。印を押す。横車を押す。押し付けがましい。	
【推す】推薦する。推測する。推進する。 会長に推す。推して知るべしだ。計画を推し進める。	

◉「おそれ・おそれる」

「おそれる」のうち、「恐れる」と「畏れる」の使い分けは、「恐怖」が中心の場合は「恐れる」、尊敬・畏敬の念が含まれる場合には「畏れる」を用いるのが基

おそれ・おそれる	０３５
【恐れ・恐れる】おそろしいと感じる。 死への恐れが強い。報復を恐れて逃亡する。失敗を恐れるな。	
【畏れ・畏れる】おそれ敬う。かたじけなく思う。 神仏に対する畏れ。師を畏れ敬う。畏（恐）れ多いお言葉*。	
【虞】心配・懸念。**	

*「おそれ多いお言葉」の「おそれ」については，「かたじけなく思う」という意で「畏」を当てるが，「恐れ入る」「恐縮」などの語との関連から，「恐」を当てることも多い。

**「公の秩序又は善良の風俗を害する虞がある……（「日本国憲法」第82条）」というように，「心配・懸念」の意で用いる「おそれ」に対して「虞」を当てるが，現在の表記実態としては，「恐れ」又は「おそれ」を用いることが一般的である。

本である。常用漢字表には「虞」に「おそれる」という動詞の訓はなく、「おそれ」という名詞の訓だけが掲げられている。補足説明にあるように、この「虞」は「日本国憲法」に用いられているものであるが、現在ではそれほど使われることがない。

昭和21年10月1日に開催された第20回「漢字に関する主査委員会」の「議事」に、「憲法の文字二一字、第三五号議案から二六文字を新しく採用。」（文部省『国語審議会の記録』昭和27年）とある。「虞」はこの21字の中の1字である。この時採用された他の「憲法の文字」20字というのは「箇、劾、嚇、且、堪、享、拷、璽、准、遵、但、朕、奴、頒、罷、附、又、濫、隷、錬」（武部良明『日本語の表記』角川小辞典29による）である。また「虞」は「日本国憲法」においては、第82条の第2項に出てくるだけで、他は出てこない。

現在は、「心配・懸念」の意で「虞」を使うことは余りなく、一般的には、「恐れ」又は「おそれ」と表記されることが多い。法令では、昭和29年の「法令用語改正要領」から現行の「法令における漢字使用等について」（平成22年）に至るまで、一貫して「虞、恐れ」は用いず「おそれ」と仮名で表記することになっている。公用文でも仮名表記の「おそれ」を用いるが、『新聞用語集』では、漢字表記の「恐れ」を用いることとされている。

◉「おどる」

「踊」と「躍」の使い分けについては、語義を踏まえて考えれば特に迷うこともないと思う。

なお「躍る」については、「ライオンが獲物に躍り掛かる」「一気に首位に躍り出る」「見出

おどる	０３６
【踊る】リズムに合わせて体を動かす。操られる。 音楽に乗って踊る。盆踊り。踊り場。踊らされて動く。甘言に踊らされる。 **【躍る】跳び上がる。心が弾む。** 吉報に躍り上がって喜ぶ。小躍りする。胸が躍る思い。心躍る出来事。	

しが躍る」などと、「勢いがある」「躍動感のある」といったニュアンスを伴って用いられることが多い。

また、「急いで書いたので字が躍っている」というのは「書いた字が乱れている」という意であるが、この場合は「躍動感がありすぎて字のバランスが悪く読みにくい」ということである。

◉「おもて」

「表」と「面」の使い分けについては、語義と用例を見ていただければ、ほとんど迷うことはないと思う。

なお、現在は余り使われないが、「表」には「江戸表」や「国表」のように地名などに付いて、その方向やその土地を表すといった使い方もある。

おもて	037
【表】（⇔裏）。表面や正面など主だった方。公になること。家の外。 表と裏。表玄関。表参道。畳の表替え。表向き。不祥事が表沙汰になる。表で遊ぶ。 **【面】顔。物の表面や外面。** 面を伏せる。湖の面に映る山影。批判の矢面に立つ。	

◉「おりる・おろす」

「卸す」は「商品を小売店に売り渡す」ということで使い方が限定されているので、「卸」を当てるかどうかで迷うことは余りないと思う。

「降」と「下」については、語義を確認しながら使い分けを考えていただければいいと思う。

おりる・おろす	038
【降りる・降ろす】乗り物から出る。高い所から低い所へ移る。辞めさせる。 電車を降りる。病院の前で車から降ろす。高所から飛び降りる。月面に降り立つ。霜が降りる。主役から降ろされる。 **【下りる・下ろす】上から下へ動く。切り落とす。引き出す。新しくする。** 幕が下りる。肩の荷を下ろす。腰を下ろす。錠が下りる。許可が下りる。枝を下ろす。貯金を下ろす。下ろし立ての背広。書き下ろしの短編小説。 **【卸す】問屋が小売店に売り渡す。** 小売りに卸す。定価の６掛けで卸す。卸売物価指数。卸問屋を営む。卸値。	

用例にあるように「電車を降りる」「病院の前で車から降ろす」は、語義「乗り物から出る」との対応から「降」を当てるが、電車や車ではなく、「船からおりる」場合には「降」と「下」のどちらを当てるのか。これに関しては、『新聞用語集』の「注」に、次のような記述があって参考になる。

=**降りる**〔乗り物、地位などから〕エレベーターで降りる、大阪駅で降りる、車から降りる、月面に降りる…略…

〔注〕馬、船などは「下馬、下船」に合わせ「下りる」を使う。

ということで、新聞は、電車や車には「降」、船や馬には「下」を用いる。「乗船・乗馬」に対しては、「降船・降馬」ではなく、「下船・下馬」であることを考え合わせれば、この使い分けが参考になると思う。更に言えば、「降車」と同様の意で「下車」とも言うので、「電車から下りる」と「下」を使うことも考えられよう。

実際に、ある国語辞典においては、「電車を―」「飛行機から―」などの用例を挙げた後に、

「降」が一般的だが、「下車・下船・下馬」などを踏まえて「車〔船・馬〕を下りる」なども使う。

との注記が付されている。ただ、車や電車、バスなどの場合に「下りる」を使うことは、実際にはほとんどない。この点は意識しておく必要があろう。

◉「かえす・かえる」

「返」と「帰」の使い分けについては、語義を見ていただければそれほど迷うことはないと思う。

かえす・かえる	０３９
【返す・返る】元の持ち主や元の状態などに戻る。向きを逆にする。重ねて行う。 持ち主に返す。借金を返す。恩返し。正気に返る。返り咲き。手のひらを返す。言葉を返す。とんぼ返り。読み返す。思い返す。	
【帰す・帰る】自分の家や元の場所に戻る。 親元へ帰す。故郷へ帰る。生きて帰る。帰らぬ人となる。帰り道。	

この使い分けに関して、『新聞用語集』では次のように記述されている。

＝返る・返す〔主として事物に〕
＝帰る・帰す〔主として人に〕

どちらも「主として」とあるように、きれいに分けられるわけではないが、事物に対して使うのか、人に対して使うのかということは、使い分けを考えるときの参考となろう。

ところで、「初心にかえる」「童心にかえる」の「かえる」は、「帰」か、「返」で迷うのではないだろうか。新聞ではどちらも「帰」を当てるが、国語辞典などでは「返」か、仮名の「かえる」を当てるものが多い。実際にはどちらの表記も用いられていて、どちらも間違いではないが、『言葉に関する問答集　総集編』（文化庁、平成7年）には、「初心にかえる」に「帰」と「返」の両方の表記が見られることに関して、

このような表記のゆれが存在するのは、結局、「初心にカエル」という言い方の主体があいまいなためである。主体を人間と考えれば、「帰る」が使われやすい。精神状態の変化についての表現と見れば、「返る」でも不自然ではない。したがって、場合によって、「帰る」と「返る」を使い分けるか、「かえる」と仮名書きするのが妥当である。

とある。迷った場合には、この記述を踏まえて判断すればよいと思う。

◉「かえりみる」

「顧」と「省」の使い分けについては、基本的に、「顧みる」の方は「回顧」「顧慮」の意で、「省みる」の方は「反省」「内省」の意で用いる、

かえりみる	040
【顧みる】過ぎ去ったことを思い返す。気にする。	
半生を顧みる。家庭を顧みる余裕がない。結果を顧みない。	
【省みる】自らを振り返る。反省する。	
我が身を省みる。自らを省みて恥じるところがない。	

と整理しておけば困ることはないと思う。

◉「かえる・かわる」

「変」「換」「替」「代」の使い分けについては、まず使い分けの比較的はっきりしている「変」から考えていくのが分かりやすいと思う。「変」は語義「前と異なる状態になる」とあるように「変化・変更」の意で用いる。これについては迷うことはないと思う。

次に「代」について考える。これは「代理・代用・交代」の意で用いる。「代理・代用」の意で用いる場合には、用例にあるように「書面をもって挨拶に代える」「父に代わって言う」などと迷うことはないと思うが、「交代」の意で用いる場合には「交替」との関係が問題となる。「交代」と「交替」の使い分けについては、『言葉に関する問答集 総集編』(文化庁、平成7年)に、

「交代」の「交」はとりかえる、「代」は役目等をかわる意であり、例えば、

議長が交代する　選手交代　主役交代

のように、前の人が行っていた役目(仕事)を別の人がとってかわり受け継いで行う場合に多く用いられ、普通は、それが一回限りである。

これに対して、「交替」(「替」は、いれかわるの意)

かえる・かわる	041
【変える・変わる】前と異なる状態になる。 形を変える。観点を変える。位置が変わる。顔色を変える。気が変わる。心変わりする。声変わり。	
【換える・換わる】物と物を交換する。 物を金に換える。名義を書き換える。電車を乗り換える。現金に換わる。	
【替える・替わる】新しく別のものにする。 頭を切り替える。クラス替えをする。振り替え休日。図表を差し替える*。入れ替わる。日替わり定食。替え歌。	
【代える・代わる】ある役割を別のものにさせる。 書面をもって挨拶に代える。父に代わって言う。身代わりになる。投手を代える。余人をもって代え難い。親代わり。	
* 「差しかえる」「入れかえる」「組みかえる」などの「かえる」については,「新しく別のものにする」意で「替」を当てるが,別のものと「交換する」という視点から捉えて,「換」を当てることもある。	

の方は、同一の仕事を別の人が時間を分けていれかわって行うことを表し、例えば、

交替で勤務する　当番を交替で行う　昼夜交替制

などのように用いられる。しかも、それは代わりばんこに何回も行われることが普通である。（傍線は筆者）

とある。両者の違いが、常に右の記述どおりであるとは限らないが、基本的には、このように整理できる。そして、「代」と「替」の使い分けも同じように考えられる。

ここを確認した上で、改めて「代」と「替」の語義と用例をお読みいただきたい。「代」は「役割・役目がかわる」というところに力点がある。「替」と「換」の関係も面倒である。補足説明にあるように捉え方によって、どちらの字も当てることができることが多い。「交換」の意が強ければ、「換」を当てることになるが、『新聞用語集』の「注」には、「「替」か「換」か迷うときは「替」を使う」とあり、どちらを使うか判断するときの参考となる。また、用例にある「身代わり」につ いても国語辞典では、「身代わり・身替わり」と併記するものが多い。この点で「変」は別として、「換」「替」「代」は共通するところも多いので、使い分けには必要以上にこだわらない方がいいと思う。

なお、同じ「書きかえる」でも内容を変更する場合は「変」、名義を交換する場合は「換」、新しく別のものにする場合は「替」、というように複数の表記が成り立つ場合もある。

◉「かおり・かおる」

「香」と「薫」の使い分けに

かおり・かおる	０４２
【香り・香る】鼻で感じられる良い匂い。 茶の香り。香水の香り。菊が香る。 梅の花が香る。	
【薫り・薫る】主に比喩的あるいは抽象的なかおり。 文化の薫り。初夏の薫り。菊薫る佳日。風薫る五月。	

ついては、「香」の方が一般的であり、「薫」は比喩的・抽象的なものに限定して使われる、と整理しておけばそう困ることはないと思う。「香」の語義に「鼻で感じられる良い匂い」とあるが、「薫」も同様に「良い匂い」や「良い雰囲気」に対して用いられる。

◉「かかる・かける」

「掛」「懸」「架」「係」「賭」の使い分けについては、使い分けのはっきりしている「係」と「賭」をまず押さえた上で、「掛」「懸」「架」を区別していくのがよいと思う。

「係」と「賭」については、語義と用例を見ていただければ迷うことはまずないと思う。残りの「掛・懸・架」のうち、「架」は「何かと何かの間にものを差し渡す」意で、「懸」は「宙に浮く」「託す」意でしか用いないので、この二つについても余り迷うことはないであろう。

ということで、「掛・懸・架」の使い分けは、「懸」や「架」が当たらない場合に、「掛」が当たるかどうかを考えていくという順で考えていくのが分かりやすい。

『新聞用語集』では、「掛・懸・架」のうち「掛かる・掛ける」を一般用語と位置付け、次のような用例を挙

かかる・かける　043

【掛かる・掛ける】他に及ぶ。ぶら下げる。上から下に動く。上に置く。作用する。
迷惑が掛かる。疑いが掛かる。言葉を掛ける。看板を掛ける。壁掛け。お湯を掛ける。布団を掛ける。腰を掛ける。ブレーキを掛ける。保険を掛ける。

【懸かる・懸ける】宙に浮く。託す。
月が中天に懸かる。雲が懸かる。懸(架)け橋*。優勝が懸かった試合。賞金を懸ける。命を懸けて戦う。

【架かる・架ける】一方から他方へ差し渡す。
橋が架かる。ケーブルが架かる。鉄橋を架ける。電線を架ける。

【係る】関係する。
本件に係る訴訟。名誉に係る重要な問題。係り結び。

【賭ける】賭け事をする。
大金を賭ける。賭けに勝つ。危険な賭け。

* 「かけ橋」は,本来,谷をまたいで「宙に浮く」ようにかけ渡した,つり橋のようなもので,「懸」を当てるが,「一方から他方へ差し渡す」という視点から捉えて,「架」を当てることも多い。

げた上で「注」を付している。

医者に掛かる、疑いが掛かる、掛かり切り、掛かり付け、掛け合い漫才、掛け売り、掛け声、掛け軸、掛け持ち、気掛かり、くぎに掛ける、心掛かり、腰掛け、十万円掛かる、手掛かり、手掛ける、取り掛かる、迷惑が掛かる、売掛《金》

〔注〕「圧力をかける、王手をかける、時間がかかる、病気にかかる」などは仮名書き。

また、「かけ橋」については、

・架け橋〈実際の橋〉
・虹（日中）の懸け橋〈比喩《ひゆ》的〉

というような使い分けが示されている。

なお、右の「注」に挙げられた用例のうち「病気にかかる」以外は漢字を当てるのであれば「掛」になろう。「病気」の場合には、「罹《かか》る」という表外漢字を当てることになるので、公用文でも仮名書きが基本となる。ただ『新聞用語集』で「掛」で表記するとされる用例も、一般には仮名書きされることも多い。また「かけ橋」については、「懸け橋」「架け橋」だけでなく「掛け橋」を見出し表記の一つとして掲げる国語辞典もある。一般には、比喩的な用法も含めて「架け橋」が多い。

◉「かく」

「書」と「描」の使い分けについては、語義を見ていただければ、特に迷うことはないと思う。「描」は「書」に比べ「絵や図などで表現する」というニュアンスが強い。「描」に「かく」という訓が入るのは、平成22年に改定された常用漢字表からである。

かく　　044

【書く】文字や文章を記す。
漢字を書く。楷書で氏名を書く。手紙を書く。小説を書く。日記を書く。

【描く】絵や図に表す。
油絵を描く。ノートに地図を描く。漫画を描く。設計図を描く。眉を描く。

ただ平成13年に新聞では、字種として39字、追加訓として12訓を常用漢字及び表内訓に準じて扱うと決めており、「描」の「かく」も、この時に追加された訓の一つである。残りの追加訓は、

証（あかす）、癒（いえる、いやす）、粋（いき）、要（かなめ）、応（こたえる）、旬（しゅん）、鶏（とり）、放（ほうる）、館（やかた）、委（ゆだねる）

である。右の11訓のうち「あかす」と「とり」以外は、平成22年の常用漢字表の改定時に表内訓として加えられている。

◉「かげ」

「陰」と「影」の使い分けについては、余り迷うことはないと思う。なお、「影」の用例「島影が見える」は「島の姿が見える」という意であるが、「船を島陰に泊める」と「陰」を当てた場合には、「島に隠れて見えない場所に泊める」という意になる。

◉「かた」

「形」と「型」の使い分けについては、語義にあるように「フォーム」と「タイプ」というのがそれぞれの基本イメージである。「うるさ型」「紋切り型」の場合に「型」を使うのも正に「タイプ」だからである。

かげ	045
【陰】	**光の当たらない所。目の届かない所。** 山の陰。木陰で休む。日陰に入る。陰で支える。陰の声。陰口を利く。
【影】	**光が遮られてできる黒いもの。光。姿。** 障子に影が映る。影も形もない。影が薄い。月影。影を潜める。島影が見える。

かた	046
【形】	**目に見える形状。フォーム。** ピラミッド形の建物。扇形の土地。跡形もない。柔道の形を習う。水泳の自由形。
【型】	**決まった形式。タイプ。** 型にはまる。型破りな青年。大型の台風。2014年型の自動車。血液型。鋳型。

◉「かたい」

「堅」「固」「硬」の使い分けも、結構迷うことが多いのではないだろうか。

「堅い」の対義語は「もろい」、「固い」の対義語は「緩い」、「硬い」の対義語は「軟らかい」であるが、これらの対義語を頭に置きながら、それぞれの語義と用例を改めて見ていただくと、使い分けのイメージがこれまでよりもはっきりしてくるのではないだろうか。

かたい	047
【堅い】中身が詰まっていて強い。確かである。 堅い材木。堅い守り。手堅い商売。合格は堅い。口が堅い。堅苦しい。 **【固い】結び付きが強い。揺るがない。** 団結が固い。固い友情。固い決意。固く信じる。頭が固い。 **【硬い】（⇔軟らかい）。外力に強い。こわばっている。** 硬い石。硬い殻を割る。硬い表現。表情が硬い。選手が緊張で硬くなっている。	

「堅い材木」「堅い守り」や「手堅い商売」に「堅」を用いるのは「もろいところがない」からである。「頭が固い」に「固」を用いるのは「他の考えや意見などを受け入れる緩み（＝余裕）がない」からである。

ただ実際に使い分けるとなると、意味の重なりもあるので、どの字を当てても問題ない場合も少なくない。例えば、ある国語辞典では、

①〔固・硬〕弾力がなく、力を加えても容易に変形しない。「このせんべいは―」「―椅子〔石〕」

②〔堅・固〕よくしまっていて、崩れにくい。また、しっかりと合わさっていて離れにくい。「地盤が―」「―握手を交わす」、…略…

などと記述されている。したがって、必要以上に使い分けにはこだわらない方がいいと思う。平成26年の「使い分け例」の語義と用例に照らして、どちらにも当てはまりそうな場合には、どちらの字を当てても大きな問題にはならないといった考え方も必要である。

◉「かま」

「釜」と「窯」の使い分けについては、語義と用例を見ていただければ迷うことはないと思う。

「釜」は、平成22年に改定された常用漢字表から常用漢字に加えられた字である。

なお「蒸気機関車のかま」など「ボイラー」の意では「罐《かん》（常用漢字表では「缶」の字体で採用）」を当てるが、常用漢字の「缶」は音「カン」だけで、訓の「かま」は採られていない。したがって、公用文においては仮名書きが原則となる。また、パンやピザを焼く「かま」には「窯」を用いる。

かま	048
【釜】**炊飯などをするための器具。** 鍋と釜。釜飯。電気釜。風呂釜。釜揚げうどん。	
【窯】**焼き物などを作る装置。** 炭を焼く窯。窯元に話を聞く。登り窯。	

◉「かわ」

「皮」と「革」の使い分けについては、語義を見ていただきたい。なお、「革」の用例として「なめし革」が挙げられているが、「かわをなめしてなめし革にする」という場合、始めの「かわ」は加工前の「かわ」であるので、「皮」を当てることになる。

かわ	049
【皮】**動植物の表皮。本質を隠すもの。** 虎の皮。木の皮。面の皮が厚い。化けの皮が剥がれる。	
【革】**加工した獣の皮。** 革のバンド。革製品を買う。革靴。なめし革。革ジャンパー。革細工。	

◉「かわく」

「乾」と「渇」の使い分けについては、「乾」は「乾燥」、「渇」は「飢渇・渇望」の意で用いる。この点が確認さ

かわく	050
【乾く】**水分がなくなる。** 空気が乾く。干し物が乾く。乾いた土。舌の根の乾かぬうちに。	
【渇く】**喉に潤いがなくなる。強く求める。** 喉が渇く。渇きを覚える。心の渇きを癒やす。親の愛情に渇く。	

れていれば、使い分けに困ることはない。

◉「きく」

「聞」と「聴」の使い分けについては、「きく態度」による。「身を入れて耳を傾けて聞く」場合に「聴」を当てることになるが、どちらを当てるか迷う場合には、広く用いられる「聞」を当てるという考え方で問題ないと思う。

ただ、「聞き耳を立てる」や「盗み聞き」「聞きほれる」などは、耳を傾け意識を集中して「きく」意であるが、「聴」ではなく、「聞」を用いるのが一般的である。また、「聞」の用例の中に「香を聞く」があるが、「酒を聞く」

きく	051
【聞く】音が耳に入る。受け入れる。問う。嗅ぐ。 話し声を聞く。物音を聞いた。うわさを聞く。聞き流しにする。願いを聞く。親の言うことを聞く。転居した事情を聞く。駅までの道を聞く。香を聞く。	
【聴く】身を入れて耳を傾けて聞く。 音楽を聴く。国民の声を聴く。恩師の最終講義を聴く。	

「聞き酒（「利き酒」とも）」にも「聞」を当てる。さらに、「聞き入る」や「聞き込み」などの複合語の場合にも「聞」を当てるのが一般的である。

◉「きく」

「利」と「効」のうち、「効」は「十分に働いた結果として、その効果・効能が表れる」という意で用いる。語義に基づけば、「車のブレーキがきかない」という場合に、「利」を当てれば「そもそもブレーキが働かない」という意となり、「効」を当てれば「ブレーキが働いているにもかかわらず何らかの理由（雨で路面が滑りやすくなっているなど）で、その効果が表れない」という意になる。ただ、「利く」と「効く」の使い分けは微妙なところもあるので、「効果・効能」

きく	052
【利く】十分に働く。可能である。 左手が利く。目が利く。機転が利く。無理が利く。小回りが利く。	
【効く】効果・効能が表れる。 薬が効く。宣伝が効く。効き目がある。	

の意を明確に示したい場合に「効」を当てると整理しておけばいいと思う。

◉「きる」

「切る」と「斬る」の使い分けに関して、『新聞用語集』では、「切る」を「一般用語」、「斬る」を「限定用語」と位置付けて、「迷う場合は「切る」を使う」という「注」を付している。

「斬る」については、「斬首・斬殺」や比喩的に「何かを強く批判する」という意で用いるのが基本的な使い方である。

◉「きわまる・きわめる」

「きわまる」は「窮」と「極」、「きわめる」は「窮」「極」「究」の使い分けになる。これも、使い分けに迷うものの一つである。特に補足説明にあるような意で用いる「窮める」と「究める」については迷うのではないだろうか。したがって、この意で用いる場合には、補足説明にあるように、どちらの字も当てることができるという捉え方を前提とするのがよい。

きる	053
【切る】刃物で断ち分ける。つながりを断つ。 野菜を切る。切り傷。期限を切る。電源を切る。縁を切る。電話を切る。 【斬る】刀で傷つける。鋭く批判する。 武士が敵を斬(切)り捨てる*。世相を斬る。	
* 「武士が敵をきり捨てる」の「きり捨てる」については,「刀で傷つける」意で「斬」を当てるが,「刃物で断ち分ける」意で広く一般に使われる「切」を当てることもできる。	

きわまる・きわめる	054
【窮まる・窮める】行き詰まる。突き詰める。 進退窮まる。窮まりなき宇宙。真理を窮(究)める*。 【極まる・極める】限界・頂点・最上に至る。 栄華を極める。不都合極まる言動。山頂を極める。極めて優秀な成績。見極める。 【究める】奥深いところに達する。 学を究(窮)める*。	
* 「突き詰める」意で用いる「窮」と,「奥深いところに達する」意で用いる「究」については,「突き詰めた結果,達した状態・状況」と「奥深いところに達した状態・状況」とがほぼ同義になることから,この意で用いる「窮」と「究」は,どちらを当てることもできる。	

その上で、「きわまる」については、「窮」は「行き詰まる」意で、「極」は「限界に至る」意で用いるのが基本であると整理する。また、「きわめる」については、「窮」は「突き詰める」意で、「極」は「頂点・最上に達する」意で、「究」は「深奥に達する」意で用いるのが基本であると押さえておけばよいと思う。

なお、「失礼極まる」など「この上なく〜である」の意となる「極まる」は、否定形の「極まりない」を用いて「失礼極まりない」としても同じ意となる。

◉「こう」

こう	055
【請う】そうするように相手に求める。 認可を請う。案内を請(乞)う*。紹介を請(乞)う*。 **【乞う】そうするように強く願い求める。** 乞う御期待。命乞いをする。雨乞いの儀式。慈悲を乞う。	
*「案内をこう」「紹介をこう」などの「こう」は,「そうするように相手に求める」意で「請」を当てるが,相手に対して「そうするようにお願いする」という意味合いを強く出したい場合には,「乞」を当てることもできる。	

「請」と「乞」の使い分けの要点は、「請」と比べて「乞」の方が「願い求める」「お願いする」というニュアンスが強く表現されるというところにある。ただ、どちらの字を当てても問題がない場合も多い。

◉「こえる・こす」

こえる・こす	056
【越える・越す】ある場所・地点・時を過ぎて,その先に進む。 県境を越える。峠を越す。選手としてのピークを越える。年を越す。度を越す。困難を乗り越える。勝ち越す。 **【超える・超す】ある基準・範囲・程度を上回る。** 現代の技術水準を超える建築物。人間の能力を超える。想定を超える大きな災害。10万円を超える額。1億人を超す人口。	

「越」と「超」の使い分けの要点は、「越」の語義の「その先に進む」という部分と、「超」の語義の「上回る」という部分にある。

「越」は、「ある場所・地点・時を過ぎて」その先に進むということで、「水平方向にこえていく」

イメージである。一方、「超」は「ある基準・範囲・程度」を上回るということで、「垂直方向にこえていく」イメージである。「越」と「超」の用例をこの二つのイメージと重ね合わせて、改めてお読みいただくと使い分けに関する考え方がより明確になると思う。この「越」と「超」のイメージに基づけば、「国境を越えて逃げる」「国境を超えた友情」などと書き分けることになる。

なお、「超」に「こえる・こす」という訓が認められたのは、昭和48年に改定された当用漢字音訓表からである。昭和23年の当用漢字音訓表では音「チョウ」だけが掲げられていた。このため、本来「超」を当てる場合であっても「越」を用いたり、仮名書きにしたりすることが多かった。昭和47年の「「異字同訓」の漢字の用法」で、「百万円を超（越）える額」のように、「超える・超す」の用例の全てに括弧を付して「越」を当てることもできるという示し方をしたのは、右のような事情に配慮したためである。平成26年の「「異字同訓」の漢字の使い分け例」で括弧を外したのは、既に書き分けることが表記習慣として定着しているという判断による。また「飛び越える」「踏み越える」「飛び越す」「持ち越す」「乗り越す」など、複合動詞の場合は「越」を用いるのが一般的である。

◉「こたえる」

「答」と「応」の使い分けについては、それぞれの語義と用例を確認していただければ問題ないと思う。『新聞用語集』には「注」として、「寒さが身にこたえる」「胸にこたえる」「骨身にこたえる」などは「応える」が当てられるが、仮

こたえる　057

【答える】解答する。返事をする。
設問に答える。質問に対して的確に答える。名前を呼ばれて答える。

【応える】応じる。報いる。
時代の要請に応える。期待に応える。声援に応える。恩顧に応える。

名書きが望ましい。

という記述がある。「応える」と表記するか、「こたえる」と表記するかは、書き手の判断でどちらでも問題ない。ただし、常用漢字表にある漢字は基本的に用いるという立場であれば、仮名書きよりも「応」を用いることになろう。ちなみに「手応え・歯応え・見応え」などは『新聞用語集』でも、「手ごたえ・歯ごたえ・見ごたえ」と仮名書きではなく、「手応え・歯応え・見応え」と「応」を用いた表記が示されている。

◉「こむ」

「混」に、訓「こむ」が加えられたのは、平成22年の常用漢字表の改定時である。これは、「混雑する」意で、「混む」と表記することが既に一般的になっているという表記の実態に対応したものである。「混む」の全ての用例に、括弧を付して「込」を当てることもできるという示し方をしたのは、これまで「込」で表記してきたことに配慮したものである。

使い分けに関しては、「混雑する」意で「混」を用い、それ以外は「込」を用いる、と整理しておけば問題ないと思う。

> こむ　　058
>
> **【混む】混雑する。**
> 電車が混（込）む*。混（込）み合う店内*。人混（込）みを避ける*。
>
> **【込む】重なる。入り組む。**
> 負けが込む。日程が込んでいる。仕事が立て込む。手の込んだ細工を施す。
>
> *「混雑する」意では，元々，多くの人や物が重なるように１か所に集まる様子から「込む」と書かれてきたが，現在は，「混雑」という語との関連から「混む」と書く方が一般的である。

◉「さがす」

「探」と「捜」の使い分けについては、語義に従えば余り迷うことはないだろう。

「探し出す・捜し出す」「探

> さがす　　059
>
> **【探す】欲しいものを尋ね求める。**
> 貸家を探す。仕事を探す。講演の題材を探す。他人の粗を探す。
>
> **【捜す】所在の分からない物や人を尋ね求める。**
> うちの中を捜す。犯人を捜す。紛失物を捜す。行方不明者を捜す。

し回る・捜し回る」「探し歩く・捜し歩く」や「探し物・捜し物」などは、「さがす対象や、その内容」に応じて、「探」と「捜」を使い分けるのが基本である。同様の意味で、例えば「財布をさがす」についても、自分の使っている財布を紛失して「さがす」場合には「捜す」、新たに購入しようとして手頃な財布を「さがす」場合には「探す」を当てることになる。

◉「さく」

「裂」と「割」の使い分けに関して、一点だけ補足しておきたい。「魚をさく」場合は「裂」と「割」のどちらを当てるのかということである。国語辞典に示された用例を見ると、「魚を裂く」と「裂」を当てているものもあるが、「割」を当てているものの方が多い。『新聞用語集』にも「魚を割く」という用例が示されている。したがって、「切り開く・切り分ける」意で用いる「さく」については、「裂」でも間違いではないが、「割」を用いる方が一般的であると言えよう。「鶏」や「うなぎ」などを「さく」場合も同様である。

さく	060
【裂く】破る。引き離す。 布を裂く。生木を裂く。二人の仲を裂く。岩の裂け目。切り裂く。	
【割く】一部を分け与える。 時間を割く。事件の報道に紙面を割く。警備のために人手を割く。	

◉「さげる」

「下」と「提」の使い分けについては、語義と用例を見ていただければ困ることはないと思う。

「さげる」のうち「下げる」については「上げる」との関係で捉えられるものに当てる。また、「金メダルを首から下げる」「バッグを肩に下げ

さげる	061
【下げる】低くする。下に垂らす。 値段を下げる。室温を下げる。問題のレベルを下げる。等級を下げる。軒に下げる。	
【提げる】つるすように手に持つ。 大きな荷物を手に提げる。手提げかばんで通学する。手提げ金庫。	

る」「ぶら下げる」などは、用例の「軒に下げる」と同様、語義「下に垂らす」の意で「下」を当てたものである。

「提げる」と「提」を当てるのは、「両手に大きな荷物を提げる」など、語義の「つるすように手に持つ」場合に限られるので、迷うことはないと思う。

◉「さす」

「さす」のうち、「指」「刺」「挿」については、語義と照らし合わせて見ていただければ分かるように、使い方が比較的はっきりしているので、使い分けに困ることは余りないと思う。ということで、「さす」の使い分けについては「指・刺・挿」が当たらない場合に、「差」を当てるかどうかを考えていくというのが分かりやすいと思う。

逆に言えば、「差す」は広く用いられるということである。例えば「液体を注ぐ」意の「注《さ》す」や「光が注ぐ」意の「射《さ》す」などについても、「差」を用いるのが一般的である。用例に「日が差す」「目薬を差す」「差しつ差されつ」を掲げるのは、現在の表記実態に基づくものであるが、常用漢字表では、「注」と「射」に訓の「さす」が示されていないといったことも関係している。

また、「差し出す」「差し上げる」「差し引く」「差し戻す」「差し入れる」「差し押さえる」「差し迫る」など、接頭語の「さし」にも「差」を当てる。

さす	062
【差す】挟み込む。かざす。注ぐ。生じる。 腰に刀を差す。抜き差しならない状況にある。傘を差す。日が差す。目薬を差す。差しつ差されつ。顔に赤みが差す。嫌気が差す。魔が差す。	
【指す】方向・事物などを明らかに示す。 目的地を指して進む。名指しをする。授業中に何度も指された。指し示す。	
【刺す】とがった物を突き入れる。刺激を与える。野球でアウトにする。 針を刺す。蜂に刺される。串刺しにする。鼻を刺す嫌な臭い。本塁で刺される。	
【挿す】細長い物を中に入れる。 花瓶に花を挿す。髪にかんざしを挿す。一輪挿し。	

◉「さます・さめる」

「覚」と「冷」の使い分けについては、語義を見ていただければ迷うことはないと思う。ただ、「酔いがさめる」や「色のさめたシャツ」などの「さめる」についてはどうだろうか。『新聞用語集』では、どちらも仮名書きをすることになっている。これは、常用漢字表との関係で、「醒《さ》める」が表外訓、「褪《さ》める」が表外漢字となるためである。

なお、国語辞典の見出し表記では、「覚める・醒める」と併記するものが多く、「酔いが覚める」も全く問題ないという扱いになっている。

さます・さめる	063
【覚ます・覚める】睡眠や迷いなどの状態から元に戻る。 太平の眠りを覚ます。迷いを覚ます。目が覚める。寝覚めが悪い。 **【冷ます・冷める】温度を下げる。高ぶった感情などを冷やす。** 湯冷まし。湯が冷める。料理が冷める。熱が冷める。興奮が冷める。	

◉「さわる」

「触」と「障」の使い分けについては、語義にあるとおりで迷うことはないと思う。関連して言えば、曲の聞かせどころの意で用いる「さわり」は「触り」である。

さわる	064
【触る】触れる。関わり合う。 そっと手で触る。展示品に触らない。政治的な問題には触らない。 **【障る】害や妨げになる。不快になる。** 激務が体に障る。出世に障る。気に障る言い方をされる。	

◉「しずまる・しずめる」

しずまる・しずめる	065
【静まる・静める】動きがなくなり落ち着く。 心が静まる。嵐が静まる。騒がしい場内を静める。気を静める。 **【鎮まる・鎮める】押さえ付けて落ち着かせる。鎮座する。** 内乱が鎮まる。反乱を鎮める。痛みを鎮める。せきを鎮める薬。神々が鎮まる。 **【沈める】水中などに没するようにする。低くする。** 船を沈める。ベッドに身を沈める。身を沈めて銃弾をよける。	

「しずまる・しずめる」の使い分けについては、「静」「鎮」と「沈」を分けて考えるのがいいと思う。「沈める」は、「静める」「鎮める」との意味的な重なりもなく、使い方がはっきりしていて、迷うことはない。

これに対し、「静まる・静める」と「鎮まる・鎮める」は使い分けに迷うことがあるのではないだろうか。「鎮」の「鎮座する」は別とし、「静」の語義「動きがなくなり落ち着く」と「鎮」の語義「押さえ付けて落ち着かせる」を比べていただくと、使い分けのポイントが明確になると思う。「静」の方は「時間の経過とともに自然に落ち着く。また、そうなるように持っていく」、これに対し、「鎮」の方は「人為的な行為によって押さえ付けて落ち着かせる」意で用いる、というのが使い分けるときの基本的な考え方となる。この点を意識して用例を改めて読んでいただきたい。ただ、どちらの字を当てても問題のない場合もある。なお、『新聞用語集』には、

＝**静まる・静める**〔動の対語。静かになる、自然的事象〕嵐・波・火山活動が静まる、気を静める、心が静まる、鳴りを静める…略…

＝**鎮まる・鎮める**〔おさまる、おさえつける、人為的事象〕痛みを鎮める、火勢が鎮まる、国の鎮め、内乱が鎮まる…略…

とある。ここに示されている「自然的事象」と「人為的事象」という捉え方も、「静」と「鎮」を使い分けるときの参考となろう。

◉「しぼる」

「絞」と「搾」の使い分けについては、迷うことは余りないと思う。ただ、「夏の合宿で徹底的にしぼられた」「遅刻し

しぼる	066
【絞る】ねじって水分を出す。無理に出す。小さくする。 手拭いを絞る。知恵を絞る。声を振り絞る。範囲を絞る。音量を絞る。	
【搾る】締め付けて液体を取り出す。無理に取り立てる。 乳を搾る。レモンを搾った汁。ゴマの油を搾る。年貢を搾り取られる。	

て上司からこってりしぼられた」など「鍛える」「叱る」の意で用いる「しぼる」にはどちらの字を当てるかで迷うのではないだろうか。

国語辞典では、「搾」を当てているものや、「絞」が一般的とするものなどがあるが、どちらを当てても問題ないという示し方をしているものも多い。

『新聞用語集』では、「油を絞る〈しかる〉」、「油を搾る〈製造〉」という使い分けが示されていて「叱る」意では「絞」を用いることになっているが、「鍛える」意で用いる「しぼる」に関わる用例は示されていない。

◉「しまる・しめる」

「締」「絞」「閉」の使い分けについては、語義と用例を見ていただければ困ることはないだろう。

「締」は「緩みをなくす。区切る」、「閉」は「開いているものを閉じる」の意であるが、「しめ切る」「しめ出す」も、この意に応じて「締め切る・閉め切る」、「締め出す・閉め出す」と書き分けることになる。また、「さばを酢でしめる」や会合などの最後に「拍手でしめる」という場合の「しめる」についても「締」を当てる。

しまる・しめる	067
【締まる・締める】緩みのないようにする。区切りを付ける。 ひもが締まる。帯を締める。ねじを締める。引き締まった顔。心を引き締める。財布のひもを締める。羽交い締め。売上げを月末で締める。申し込みの締め切り。 **【絞まる・絞める】首の周りを強く圧迫する。** ネクタイで首が絞まって苦しい。柔道の絞め技。自らの首を絞める発言。 **【閉まる・閉める】開いているものを閉じる。** 戸が閉まる。カーテンが閉まる。蓋を閉める。店を閉める。扉を閉め切りにする。	

なお、昭和47年の「「異字同訓」の漢字の用法」では、「羽交い絞め」と「絞」が当てられていたが、平成26年の「「使い分け例」においては「羽交い締め」と「締」に変更されている。これは、現在の表記実態に合わせたものであるが、同時に国

語辞典等でもそのほとんどが「締」で示されていることを考慮したためでもある。

◉「すすめる」

「進」「勧」「薦」の使い分けについては、語義を見ていただければ余り迷うことはないと思う。ただ、「薦める」の用例に挙げられている「読書を薦める」については、「薦」と「勧」のどちらを当てるかで迷うかもしれない。補足説明は、そ

すすめる	０６８

【進める】前や先に動かす。物事を進行させる。
前へ進める。時計を進める。交渉を進める。議事を進める。

【勧める*】そうするように働き掛ける。
入会を勧める。転地を勧める。読書を勧める。辞任を勧める。

【薦める*】推薦する。
候補者として薦める。良書を薦める。お薦めの銘柄を尋ねる。

* 「勧める」と「薦める」の使い分けについては，例えば，「読書」といった行為（本を読む）をするように働き掛けたり，促したりする場合に「勧める」を用い，「候補者」や「良書」といった特定の人や物がそれにふさわしい，望ましいとして推薦する場合に「薦める」を用いる。

のような迷いが生じやすいのではないかということに配慮して、記述されたものである。

ところで、平成24年度の文化庁「国語に関する世論調査」では、異字同訓の使い分けに関する問いが立てられている。これは、「会議で決をとる」「痛みがおさまる」「標高をはかる」「役に立つ本をすすめる」「委員長をつとめる」の傍線部を漢字に直すとしたら、どの漢字を使うかを選択肢の中から選ぶというものである。この五つの例文のうち、「役に立つ本をすすめる」については、

ア「進」を選んだ人　７・２％
イ「勧」を選んだ人　30・４％
ウ「薦」を選んだ人　56・７％

であった。右のア、イ、ウの選択肢のほかに「ア〜ウのうち使うものが二つ以上ある」と回答した人が２・８％、「ア〜ウのどれも使わない」が０・５％、「分か

らない」が2・3％いる。「勧」と回答した人が3割いて、五つの例文の中では回答の揺れが最も大きかった。この理由については、二つあると考えている。一つは「役に立つ本をすすめる」という例文において、「役に立つ本を読むようにすすめる」というような意識で捉えられやすいと考えられること、もう一つは、「薦」は、語義にあるように「推薦する」意で用いるが、この意では「薦める」よりも「推薦する」という語を使う方が一般的だと考えられることである。

前者については、「読書を勧める」が「読書をするようにすすめる」意で「勧」を用いることを考えると、同じような捉え方で「勧」を当てようという意識が生じやすいのも了解できると思う。このようなことも考え合わせて、「すすめる」の補足説明をお読みいただくと、「勧」と「薦」の使い分けがより明確になると思う。なお、「薦」に訓「すすめる」が表内訓として追加されるのは、昭和23年の当用漢字音訓表を改定した昭和48年の当用漢字音訓表においてである。

◉「する」

「刷」と「擦」の使い分けについては、語義をお読みいただければ問題ないと思う。なお「墨をする」の「する」は、国語辞典などでは、「擦る」を当てるもの、表外訓となる「摩《す》る」や「磨《す》る」を当てるものなどがある。また、「競馬で大金をする」の「する」も「擦る」や「摩る」を当てているものが多い。

『新聞用語集』では、用例として「競馬でする、ごまをする、墨をする、すり鉢、すり身」が挙げられていて、仮名書きにす

する　069

【刷る】印刷する。
名刺を刷る。新聞を刷る。版画を刷る。社名を刷り込む。刷り物。

【擦る】こする。
転んで膝を擦りむく。マッチを擦る。擦り傷。洋服が擦り切れる。

るのが原則となっている。一般の表記としても、仮名書きが使われることが多い。

◉「すわる」

「座」と「据」の使い分けについては、語義と用例をお読みいただければ問題ないと思う。本来、「坐《すわ》る＝すわる（動作）」、「座る＝座席（すわる場所）」という「坐」と「座」の使い分けがあったが、現在はどちらの場合でも「座」を用いる。なお、「坐」は表外漢字である。

すわる	070
【座る】腰を下ろす。ある位置や地位に就く。 椅子に座る。上座に座る。社長のポストに座る。	
【据わる】安定する。動かない状態になる。 赤ん坊の首が据わる。目が据わる。腹の据わった人物。	

せめる	071
【攻める】攻撃する。 敵の陣地を一気に攻める。積極的に攻め込む。兵糧攻めにする。質問攻めにする。	
【責める】非難する。苦しめる。 過失を責める。無責任な言動を責める。自らを繰り返し責める。拷問で責められる。	

◉「せめる」

「攻」と「責」の使い分けについては、迷うことはほとんどないと思う。「攻」の用例として「質問攻め」が挙げられているが、「握手ぜめ」についても、同様に「責」ではなく、「攻」を当てるのが一般的であろう。

◉「そう」

「そう」のうち「添う」は「近くにいて支える」というのが基本イメージである。例えば、「付き添う」「寄り添う」「連

そう	072
【沿う】長く続いているものや決まりなどから離れないようにする。 川沿いの家。線路に沿って歩く。決定された方針に沿（添）って行動する*。希望に沿（添）う*。	
【添う】そばに付いている。夫婦になる。 母に寄り添って歩く。病人の付き添い。仲むつまじく添い遂げる。連れ添う。	
*「沿う」は「決まりなどから離れないようにする」，「添う」は「そばに付いている」の意で，どちらも「その近くから離れない」という共通の意を持つため，「方針」や「希望」に「そう」という場合には，「沿」と「添」のどちらも当てることができる。	

れ添う」などの語も、この基本イメージを重ねてみるとその意味がより明確になると思う。

　したがって、「そう」の使い分けに関しては、この基本イメージと照らし合わせて、合致する場合には「添」を、それ以外については「沿」を当てると整理してもそれほど困ることはないと思う。また補足説明にあるように、「方針」や「希望」に「そう」場合は「沿」と「添」のどちらも当てることができるが、『新聞用語集』では、

＝**沿う**〔つたって行く〕海沿いの町、川に沿う、期待に沿う、国の方針に沿う、線路に沿って行く

と記述されている。「希望にそう」は用例にはないが、「期待に沿う」から考えれば、どちらも新聞では「沿」を当てることになると判断してよいだろう。

◉「そなえる」

「備」と「供」の使い分けについては、語義と用例を確認していただければ迷うことはないと思う。なお、「備える」は、「人徳を備えている」「彼は優れた資質を備えている」など「（生まれながらに）身に付けている」という意で用いられることも多い。

◉「たえる」

「耐」と「堪」の使い分けについては、語義にあるとおりであるが、この使い分けに関して、『言葉に関する問答集　総集編』（文化庁、平成7年）には、

　「痛みにたえる」、「困苦にたえる」、「重圧にたえる」、「風雪にたえる」、「五〇キログラムの重さにたえる」などのように、「がまんする」、「もちこたえる」の意味の場合は、「堪」でも誤りではないが、一般には、

そなえる　073

【備える】準備する。具備する。
台風に備える。老後の備え。各部屋に消火器を備える。防犯カメラを備えた施設。

【供える】神仏などの前に物をささげる。
お神酒を供える。霊前に花を供える。鏡餅を供える。お供え物。

「耐」が用いられることが多いようである。（傍線は筆者）

「たえる」には、このほかに、①「…に対する十分な能力がある。」という意味の場合。例「任にたえる・たえない」など。②「…するだけの値打ちがある」という意味の場合。例「鑑賞（聞く・見る・読む）にたえる・たえない」など。③常に打ち消しを伴って、「…の気持ちを抑えることができない」の意味の場合。例「遺憾（感激、感謝、寒心・憤慨・憂慮）にたえない」などがある。これらの場合、人によって感じ方が違うであろうが、「耐」ではかなり違和感があるので、「堪」を用いるのが一般的であろうと思われる。（傍線は筆者）

とある。現在の表記実態は、傍線部のような使い分けが更に定着してきていると考えてよい。特に「がまんする」「もちこたえる」意で、「耐」でなく「堪」を当てることは少ないように思われる。

たえる	074
【耐える】苦しいことや外部の圧力などをこらえる。 重圧に耐える。苦痛に耐える。猛暑に耐える。風雪に耐える。困苦欠乏に耐える。 **【堪える】その能力や価値がある。その感情を抑える。** 任に堪える。批判に堪える学説。鑑賞に堪えない。見るに堪えない作品。憂慮に堪えない。遺憾に堪えない。	

◉「たずねる」

「尋」と「訪」の使い分けについては、語義にあるとおりで迷うことはないと思う。「尋」の方は「問う」意で、「訪」の方は「訪問する」意で用いるのが基本である。

なお、「問いただす」意で

たずねる	075
【尋ねる】問う。捜し求める。調べる。 道を尋ねる。研究者に尋ねる。失踪した友人を尋ねる。尋ね人。由来を尋ねる。 **【訪ねる】おとずれる。** 知人を訪ねる。史跡を訪ねる。古都を訪ねる旅。教え子が訪ねてくる。	

「訊」を使うこともあるが、「訊」は表外漢字であるので、「訊」でなく「尋」を用いるのが一般的である。

『新聞用語集』では、表外漢字の「訊」は用いず、「尋」を用いることが示されている。公用文においても、「尋」を用いるのが原則である。

◉「たたかう」

「戦」と「闘」の使い分けに関して、『新聞用語集』には、

=**戦う**〔戦争・勝負・競技、競争相手と優劣を争う〕意見を戦わせる、強豪校と互角に戦う、源平の戦い、言論の戦い、…略…

たたかう	076
【戦う】武力や知力などを使って争う。勝ち負けや優劣を競う。 敵と戦う。選挙で戦う。優勝を懸けて戦う。意見を戦わせる。	
【闘う】困難や障害などに打ち勝とうとする。闘争する。 病気と闘う。貧苦と闘う。寒さと闘う。自分との闘い。労使の闘い。	

=**闘う**〔闘争・格闘、利害・主張の対立で争う、困難などに打ち勝とうと努める〕基地返還の闘い、自然との闘い、精神と肉体との闘い、病魔との闘い、
…略…

とある。語義と合わせてお読みいただくと、使い分けの要点がよりはっきりするのではないだろうか。

また、「闘」を当てることのできる場合は、「格闘（闘争）する」と言い替えても、文意が変わらないケースがほとんどである。

◉「たつ」

「たつ」に関しては、使い方がはっきりしている「裁」は別として、「断」か「絶」かで迷うことがかなりあるのではないだろうか。

「断」と「絶」は補足説明にもあるように、意味的に重なるところがある。したがって、どちらを当てても

問題のないケースも多い。ただ、「断」に比べ「絶」の方が「これが最後になる」というニュアンスが強く出るように感じる。

さらに、「断交・断念・断筆・断食」や「絶命・絶縁・絶望・絶交」といった熟語との関係から、「断」と「絶」のどちらを当てるかを判断するという考え方も有効ではないかと思う。

たつ　　　　077

【断つ】つながっていたものを切り離す。やめる。
退路を断つ。国交を断（絶）つ*。関係を断（絶）つ*。快刀乱麻を断つ。酒を断つ。

【絶つ】続くはずのものを途中で切る。途絶える。
縁を絶つ。命を絶つ。消息を絶つ。最後の望みが絶たれる。交通事故が後を絶たない。

【裁つ】布や紙をある寸法に合わせて切る。
生地を裁つ。着物を裁つ。紙を裁つ。裁ちばさみ。

*「国交をたつ」や「関係をたつ」の「たつ」については，「つながっていたものを切り離す」意で「断」を当てるが，「続くはずのものを途中で切る」という視点から捉えて，「絶」を当てることもできる。

◉「たつ・たてる」

「たつ・たてる」のうち「建」の方は、「建設（建造）する」場合に用いる。そのほか「円建て・ドル建て」などと経済用語としても使われる。

たつ・たてる　　　　078

【立つ・立てる】直立する。ある状況や立場に身を置く。離れる。成立する。
演壇に立つ。鳥肌が立つ。優位に立つ。岐路に立つ。使者に立つ。席を立つ。見通しが立つ。計画を立てる。手柄を立てる。評判が立つ。相手の顔を立てる。

【建つ・建てる】建物や国などを造る。
家が建つ。ビルを建てる。銅像を建てる。一戸建ての家。国を建てる。都を建てる。

「立つ」の方は、語義から分かるように一般用語として広い意味で用いられる。したがって、「建」を当てることのできない場合は、「立」を当てるというように整理しておいても、そう困ることはないと思う。

なお、「朝早くホテルをたった」のように「出発する」意で「発《た》つ」を、「月日がたつ」のように「経過する」意で「経《た》つ」を当てることもあるが、「発つ」も「経つ」も常用漢字表では表外訓の扱いになっている。したがって、公用文では仮名書きが原則である。

また、「記念碑の立つ公園」「記念碑が建つ予定の公園」のようにその語義に応じて、使い分けが生じるケースも出てくる。

◉「たっとい・たっとぶ・とうとい・とうとぶ」

「たっとい・たっとぶ」『とうとい・とうとぶ」の関係について、ある国語辞典では、形容詞「たっとい」の項に、

《「たふとし」の音変化。やや古風な語》「とうとい」に同じ。

とあり、動詞「たっとぶ」の項では、

《「たふとぶ」の音変化》「とうとぶ」に同じ。

と記されている。「たっとい・たっとぶ・とうとい・とうとぶ」については形容詞と動詞という品詞の違いはあるが、四つとも似たような意味の言葉である。

「尊」と「貴」の書き分けについては、厳密に分けることは難しいので、「自然と頭が下がるような、尊敬の念を起こさせる様子」の場合には「尊」を当て、「地位などが高く、また貴重で価値のある様子」の場合には「貴」を当てるというように整理しておけばいいと思う。「尊敬」の「尊」のイメージと、「貴重」の「貴」のイメージのどちらがふさわしいかということである。

たっとい・たっとぶ・とうとい・とうとぶ　079

【尊い・尊ぶ】尊厳があり敬うべきである。
尊い神。尊い犠牲を払う。神仏を尊ぶ。祖先を尊ぶ。

【貴い・貴ぶ】貴重である。
貴い資料。貴い体験。和をもって貴しとなす。時間を貴ぶ。

◉「たま」

「玉」「球」「弾」の使い

たま　080

【玉】宝石。円形や球体のもの。
玉を磨く。玉にきず。運動会の玉入れ。シャボン玉。玉砂利。善玉悪玉。

【球】球技に使うボール。電球。
速い球を投げる。決め球を持っている。ピンポン球。電気の球。

【弾】弾丸。
拳銃の弾。大砲に弾を込める。流れ弾に当たって大けがをする。

分けについては、語義を見ていただければ迷うことはないと思う。特に「球」と「弾」は使い方が明確であるので、「球」と「弾」のどちらも当てることのできないものに「玉」を当てるという考え方が分かりやすいのではないかと思う。逆に言えば、「玉」は一般用語として広く使われるということである。以下に「玉」を使うものをもう少し挙げておけば、

掌中の玉、玉の輿《こし》に乗る、玉串、玉手箱、火の玉、くす玉、目の玉、玉の汗、玉転がし、玉乗り、替え玉、玉突き事故、うどんの玉、毛玉

などがある。なお、「玉突き事故」は、ビリヤードの球が次々に当たるところから、このように言われるようになったものであるが、「球」でなく「玉」を用いる。関連して言えば、用例に挙げられている「善玉悪玉」の「玉」は、江戸時代の草双紙などの挿し絵で、人の顔を丸く書き、その中に「善」「悪」の字を書いて「善人」「悪人」を表したところから来ている。

また「鉄砲玉」については、文字どおり「鉄砲のたま（弾丸）」の場合も、「使いなどに行ったまま戻らないことの例え」の場合も、どちらも「玉」を用いる。

◉「つかう」

「使」と「遣」の使い分けについては、まず補足説明をお読みいただきたい。そこに記述されているように

つかう	081
【使う】人や物などを用いる。 通勤に車を使う。電力を使う。機械を使って仕事をする。予算を使う。道具を使う。人間関係に神経を使う。頭を使う。人使いが荒い。大金を使う。体力を使う仕事。 **【遣う】十分に働かせる。** 心を遣（使）う*。気を遣（使）う*。安否を気遣う。息遣いが荒い。心遣い。言葉遣い。仮名遣い。筆遣い。人形遣い。上目遣い。無駄遣い。金遣い。小遣い銭。	
* 現在の表記実態としては，「使う」が広く用いられる関係で，「遣う」を動詞の形で用いることは少なく，「○○遣い」と名詞の形で用いることがほとんどである。特に，心の働き，技や金銭などに関わる「○○づかい」の場合に「遣」を当てることが多い。	

とんどで、動詞の形で用いることは少ない。

用例に「心を遣（使）う」「気を遣（使）う」が挙げられているが、これらは「心遣い」「気遣い」との関係で「遣」が括弧の外に示されているが、括弧内の「使」を用いても問題ない。また、「言葉をつかう」という場合も、「言葉遣い」との関係から考えれば「言葉を遣う」で問題ないわけであるが、現在の表記実態としては、「使う」を用いる方が一般的であろう。これは、「言葉の使い方」「言葉の使用」などで「使」を用いることが影響しているように思われる。

ところで、「○○遣い」の「○○」に入る語はかなり限定されているので、「仮名遣い」「言葉遣い」「気遣い」「無駄遣い」「金遣い」「息遣い」「筆遣い」「小遣い」など、これらの語については、ある程度頭に入れておく方がいいように思う。なお、『新聞用語集』の「つかい・つかう」の項の末尾には「注」として、

「剣術使い」「忍術使い」「魔法使い」「猛獣使い」などは慣用として「使」。

と示されている。この記述についても、「使」と「遣」の使い分けを考えるときの参考となろう。

◉「つく・つける」

「つく・つける」のうち「付」は、「くっつく」が基本イメージである。用例では、語義「加わる」や「意識などを働かせる」に対応するものとして挙げられている「味方に付く」や「気を付ける」なども「味方としてある側にくっつく」「あることに対して意識をくっつけておく」ということである。

「着」は「ある所に到着する・着用する」、また「就」は「去」の反対の意を持ち、「あるところに身を置く」というのが基本イメージである。

　ところで、「接着」「密着」は「くっつく」「ぴったりつく」意であるが、傍線部の「つく」には「着」でなく「付」を当てる。また「着眼」「着手」に対応する「目をつける」「手をつける」の「つける」にも「付」を当てる。この「着・付」の関係も確認しておきたい。

つく・つける	082

【付く・付ける】付着する。加わる。意識などを働かせる。
墨が顔に付く。足跡が付く。知識を身に付（着）ける*。利息が付く。名前を付ける。条件を付ける。味方に付く。付け加える。気を付ける。目に付く。

【着く・着ける】達する。ある場所を占める。着る。
手紙が着く。東京に着く。船を岸に着ける。車を正面玄関に着ける。席に着く。衣服を身に着ける。

【就く・就ける】仕事や役職，ある状況などに身を置く。
職に就く。役に就ける。床に就く。緒に就く。帰路に就く。眠りに就く。

* 「知識を身につける」の「つける」は，「付着する」意で「付」を当てるが，「知識」を「着る」という比喩的な視点から捉えて，「着」を当てることもできる。

　用例に挙げられている「知識を身につける」は、教育基本法や学習指導要領など公用文関係では「付」が用いられているが、『新聞用語集』には用例として「知識を身に着ける」が示されている。補足説明にあるように、どちらの字を当てても間違いではないが、現在の表記実態としては「付」を用いる方が多いと思われる。ただし、「衣装」などを「身につける」場合には、当然「着」を用いることになる。

　なお、「明かりを点《つ》ける」「皇位に即《つ》く」などと「点（点灯する意で）」や「即（即位する意で）」が用いられることもあるが、どちらも表外訓であるので、『新聞用語集』では仮名書きすることになっている。ただ「皇位につく」などの「つく」については、国語辞典等では「就」を当てているものが多い。

◉「つぐ」

「次」「継」「接」の使い分けについては、語義を見ていただければ迷うことはないと思う。

「次」と「接」は使い方が限定されているので、これらが当たらない場合に「継」を当てると整理しておけばいいと思う。

また「酒を注《つ》ぐ」と「そそぐ」意で「注」を当てることもあるが、これも表外訓であるので、新聞や公用文では仮名書きが原則となる。

つぐ	083
【次ぐ】すぐ後に続く。 事件が相次ぐ。首相に次ぐ実力者。富士山に次いで高い山。次の日。	
【継ぐ】後を受けて続ける。足す。 跡を継ぐ。引き継ぐ。布を継ぐ。言葉を継ぐ。継ぎ目。継ぎを当てる。	
【接ぐ】つなぎ合わせる。 骨を接ぐ。新しいパイプを接ぐ。接ぎ木。	

◉「つくる」

「つくる」の使い分けについては、使い方が限定されている「創」が当たるかどうかをまず考えて、「創」が当たらない場合に「作」か「造」を当てるという考え方が分かりやすいと思う。

つくる	084
【作る】こしらえる。 米を作る。規則を作る。新記録を作る。計画を作る。詩を作る。笑顔を作る。会社を作る。機会を作る。組織を作る。	
【造る】大きなものをこしらえる。醸造する。 船を造る。庭園を造る。宅地を造る。道路を造る。数寄屋造りの家。酒を造る。	
【創る*】独創性のあるものを生み出す。 新しい文化を創(作)る。画期的な商品を創(作)り出す。	
* 一般的には「創る」の代わりに「作る」と表記しても差し支えないが，事柄の「独創性」を明確に示したい場合には，「創る」を用いる。	

すなわち「これまでにはない新しいもの」というニュアンスを明確に示したい、強調したいという場合に「創」を用い、それ以外の場合には「作」か「造」を当てるということである。

「作」を当てるか「造」を当てるかについてはかなり迷うこともあると思う。どちらを当てるかについては、「作」の方が比較的規模の小さなものをつくる場合や用例にあるように「規則」「新記録」「計画」「詩」「笑顔」など当てる対象が広いのに対して、「造」の方は用例を見ていただくと分かるように「造船・造園・造成・醸造」などで言い換えられる場合や、規模の大きなものをつくる場合に用いられる。別言すれば、「造」は、比較的大掛かりで、どちらかと言えば工業的な生産物などに用いられる。

『新聞用語集』には、「造」の用例として「財産造り」や「荷造り」などが挙げられているが、国語辞典では、「財産作り」と「作」を当てるもの、見出し表記に「荷造り」と「荷作り」を並べて掲げているものもある。このように、どちらを当てても問題ない場合も多い。

なお、用例に挙げられている「船を造る」は「造船」との関係から「造」を当てているが、「笹《ささ》舟」や「模型の船」を「つくる」場合には、「造」よりも「作」を当てる方が一般的であろう。

また、『新聞用語集　追補版』の「つくる」の項の「注」として、

「街・町づくり」「人づくり」など使い分けに迷う場合は仮名書きにする。

とある。右の「～づくり」に「作」や「造」を当てても問題ないが、現在の表記実態としては、仮名書きの方が多いと思われる。

◉「つつしむ」

「慎」と「謹」の使い分けについては、語義を見ていただければ、困ることはないと思う。

「謹」については、現在では「謹んで…」という形以外で使われることはほとんどないと言ってよい。

また「謹」に「つつしむ」という訓が追加されるのは、昭和23年の当用漢字音訓表を改定した昭和48年の当用漢

つつしむ　085

【慎む】控え目にする。
身を慎む。酒を慎む。言葉を慎む。

【謹む】かしこまる。
謹んで承る。謹んで祝意を表する。

字音訓表からである。

◉「つとまる・つとめる」

「勤」「務」「努」の使い分けに関しては、「勤」は「勤労・勤務」の意で、「務」は「任務・役目」の意で、「努」は「努力」の意で用いるということが確認できていれば、困ることはないと思う。

なお、「務」に「つとめる」という訓が掲げられたのも、前項の「謹」と同じく、昭和48年の当用漢字音訓表からである。昭和23年の当用漢字音訓表においては「ム・つとめ」となっていて、動詞の形「つとめる」では使えないという扱いになっていた。

つとまる・つとめる	０８６
【勤まる・勤める】給料をもらって仕事をする。仏事を行う。 この会社は私には勤まらない。銀行に勤める。永年勤め上げた人。勤め人。本堂でお勤めをする。法事を勤める。	
【務まる・務める】役目や任務を果たす。 彼には主役は務まらない。会長が務まるかどうか不安だ。議長を務める。親の務めを果たす。	
【努める】力を尽くす。努力する。 完成に努める。解決に努める。努めて早起きする。	

◉「とかす・とく・とける」

「解」と「溶」の使い分けについては、語義を見ていただければそれほど迷うことはないだろう。「解」の基本イメージは「固まっていたものが緩む」である。語義「元の状態に戻る」の用例である「緊張が解ける」

とかす・とく・とける	０８７
【解かす・解く・解ける】固まっていたものが緩む。答えを出す。元の状態に戻る。 結び目を解く。ひもが解ける。雪解け*。相手の警戒心を解かす。問題が解ける。緊張が解ける。誤解が解ける。包囲を解く。会長の任を解く。	
【溶かす・溶く・溶ける】液状にする。固形物などを液体に入れて混ぜる。一体となる。 鉄を溶かす。雪や氷が溶(解)ける*。チョコレートが溶ける。砂糖が水に溶ける。絵の具を溶かす。小麦粉を水で溶く。地域社会に溶け込む。	
* 雪や氷がとける」の「とける」については，「雪や氷が液状になる」意で「溶」を当てるが，「固まっていた雪や氷が緩む」と捉えて「解」を当てることもできる。「雪解け」はこのような捉え方で「解」を用いるものである。	

「会長の任を解く」も「緊張で固くなっていたのが緩む」のであり、「会長であった人物と会長という職とが固くつながっていたのが緩む」ということである。これに対して「溶」の方は「液状になって一体化する」ということである。

この二つの基本イメージを頭に置いて、それぞれの用例を改めて見ていただくと、使い分けの考え方がより明確になると思う。

なお、「融雪」との関係から「雪が融《と》ける」と「融」を当てることもあるが、常用漢字表では表外訓になるので、公用文では「溶」か「解」を用いる。また「髪をとかす」場合に「梳」を当てることもあるが、「梳」は表外漢字なので仮名で書くことが多い。ただ、国語辞典では「髪をとかす」に「解かす・梳《と》かす」と「解」を並べて掲げるものが多く、「解かす」でも問題ないが、一般の表記としては仮名書きの方が多いように思う。

◉「ととのう・ととのえる」

ととのう・ととのえる	０８８
【整う・整える】乱れがない状態になる。 体制が整う。整った文章。隊列を整える。身辺を整える。呼吸を整える。	
【調う・調える】必要なものがそろう。望ましい状態にする。 家財道具が調う。旅行の支度を調える。費用を調える。味を調える。	

「整」と「調」の使い分けについては、語義を見ていただければ問題ないだろう。なお『言葉に関する問答集 総集編』（文化庁、平成7年）には、

同じ「道具をととのえる」でも、使いっぱなしや出しっぱなしにしてあるたくさんの道具類を片付け、使いやすいようにきちんと並べるような場合は、「道具を整える」、何かをするために、必要な道具類を全部買いそろえるような場合は「道具を調える」、とするのが普通である。

とある。同じ「道具をととのえる」でも、このように語義に応じて使い分けが生じる場合があることも確認

しておきたい。

◉「とぶ」

「飛」と「跳」の使い分けについては、まず使い方の比較的限定されている「跳」が当たるかどうかを考え、それが当たらない場合に「飛」が当たるかどうかを考えるというのが分かりやすいと思う。

「跳」を当てるのは、基本的に「はねる」「はね上がって何かの上を越える」という場合に限られる。「跳」の用例のうち、「三段跳び・跳び上がって喜ぶ・跳びはねる・うれしくて跳び回る」は「はねる」意で、「溝を跳ぶ」「縄跳びをする」「跳び箱」は「はね上がって何かの上を越える」意で「跳」を当てたものである。

とぶ	089
【飛ぶ】空中を移動する。速く移動する。広まる。順序どおりでなく先に進む。 鳥が空を飛ぶ。海に飛び込む。アメリカに飛ぶ。家を飛び出す。デマが飛ぶ。うわさが飛ぶ。途中を飛ばして読む。飛び級。飛び石。 **【跳ぶ】地面を蹴って高く上がる。** 溝を跳ぶ。三段跳び。跳び上がって喜ぶ。跳びはねる*。うれしくて跳び回る。縄跳びをする。跳び箱。	
* 「跳」は，常用漢字表に「とぶ」と「はねる」の二つの訓が採られているので，「跳び跳ねる」と表記することができるが，読みやすさを考えて「跳びはねる」と表記することが多い。	

これに対して、「飛」の方は語義と用例を見ていただければ分かるように広く用いられる。用例として示されている以外にも、例えば「ヒューズが飛ぶ」「社長の首が飛ぶ」「借金の返済で給料の半分以上が飛んだ」「熱でアルコール分が飛ぶ」「パソコンのデータが飛んだ」「怒声や野次が飛ぶ」など、「つながっていたものが急に切れる」「何かが消えてなくなる」「勢いよく言葉などが発せられる」といった意でもよく用いられる。

なお、用例の「跳び箱」については、国語辞典の見出し表記では「跳び箱・飛び箱」と併記されているものがほとんどである。また用例「跳びはねる」についても、国語辞典の見出し表記は「跳び跳ねる」よりも「飛び跳ねる」の方が多い。語義からは「飛」よりも「跳」の方がふさわしいと思うが、「飛」でも全く問題ない。このように、どちらも用いることができる場合もあることは確認しておく必要がある。

◉「とまる・とめる」

「止」「留」「泊」については、使い方のはっきりしている「泊」が当たるかどうかをまず考え、それが当たらない場合に「止」を当てるか「留」を当てるかを考えていくというのが基本となろう。

「泊」は、語義にあるとおり「宿泊する・停泊する」以外では使わないので迷うことはないと思う。

「止」と「留」の使い分けについては語義を見ていただきたい。「止」の方は「何かの動きがなくなる」、「留」の方は「そのままの状態で動かない」というのがそれぞれの基本イメージである。「留年」「留任」などを思い合わせると「留」を当てる場合がはっきりすると思う。「留学」も一定期間「その地から動かず」に勉学する意である。また「留」の用例の「目に留まる」「局留めで送る」についても「目があるものから動かない」「指定する郵便局から動かない形で送る」ということである。

「止」は「動かなくなる」という変化に視点を置いた場合に用い、「留」は「動かない」という状態に視点を置いた場合に用いる、と整理しておけば分かりやすい

とまる・とめる	090
【止まる・止める】動きがなくなる。 交通が止まる。水道が止まる。小鳥が木の枝に止(留)まる*。笑いが止まらない。息を止める。車を止める。通行止め。止まり木。 **【留まる・留める】固定される。感覚に残る。とどめる。** ピンで留める。ボタンを留める。目に留まる。心に留める。留め置く。局留めで送る。 **【泊まる・泊める】宿泊する。停泊する。** 宿直室に泊まる。友達を家に泊める。船が港に泊まる。	
* 「小鳥が木の枝にとまる」の「とまる」については，小鳥が飛ぶのをやめて「木の枝に静止する(動きがなくなる)」意で「止」を当てるが，「木の枝にとどまっている(固定される)」という視点から捉えて，「留」を当てることもできる。	

と思う。

◉「とらえる」

「捕」と「捉」の使い分けについては、語義を見ていただければ、それほど迷うことはないだろう。用例を見ていただくと、「とらえる」対象が「捕」の方は「犯人・獲物・密漁船」であり、「捉」の方は「文章の要点・問題・真相・聴衆の心」である。ここから明らかなように、基本的に「捕」は「具体的で動き回るもの」、「捉」は「抽象的な思考や精神・感覚」に対して使う。

また、「レーダーが台風の動きを捉える」や「カメラが決定的な瞬間を捉える」など

とらえる	０９１
【捕らえる】取り押さえる。 逃げようとする犯人を捕らえる。獲物の捕らえ方。密漁船を捕らえる。 **【捉える】的確につかむ。** 文章の要点を捉える。問題の捉え方が難しい。真相を捉える。聴衆の心を捉える。	

何らかの機器の働きとして「とらえる」場合にも「捉」を用いる。

なお、「捉」は、平成22年に改定された常用漢字表で新たに追加された字である。それまでは、公用文では、「捉」でなく仮名書きが原則であった。

◉「とる」

「とる」の使い分けについては、語義と用例を見ていただければそれほど困らないと思う。語義を見ていただくと分かるように、「取」以外は用法が比較的限定されているので、「採」「執」「捕」「撮」が当たるかどうかをまず考えて、その後、「取」を当てるかどうかを確認していくのが分かりやすい。

「採」は「採取・採用・採血」の意、「執」は「執筆・執行・執務」の意、「捕」は「取り押さえる」意、「撮」は「撮影」の意で用いるのが基本である。これ以外の

とる　　092

【取る】手で持つ。手に入れる。書き記す。つながる。除く。
本を手に取る。魚を取（捕）る*。資格を取る。新聞を取る。政権を取る。年を取る。メモを取る。連絡を取る。着物の汚れを取る。疲れを取る。痛みを取る。

【採る】採取する。採用する。採決する。
血を採る。きのこを採る。指紋を採る。新入社員を採る。こちらの案を採る。会議で決を採る。

【執る】手に持って使う。役目として事に当たる。
筆を執る。事務を執る。指揮を執る。政務を執る。式を執り行う。

【捕る】つかまえる。
ねずみを捕る。鯨を捕る。外野フライを捕る。生け捕る。捕り物。

【撮る】撮影する。
写真を撮る。映画を撮る。ビデオカメラで撮る。

* 「魚をとる」の「とる」は「手に入れる」という意で「取」を当てるが，「つかまえる」という視点から捉えて，「捕」を当てることもできる。

場合には「取」を当てるというのが原則となる。

「取」は「受け取る」「勝ち取る」「取り上げる」などの複合語として、また「取り扱う」「取り調べる」など接頭語的な用法としても広く用いられる。

なお、「栄養を摂《と》る（摂取）」「金を盗《と》る（盗む）」「ビデオに録《と》る（録画）」など「摂・盗・録」を当てることもあるが、いずれも表外訓となるので、公用文では、全て「取」を使うのが原則である。国語辞典でも右のような場合には、「取」を用いることが示されている。

◉「ない」

「無」と「亡」の使い分けについては、「亡」が「死んでこの世にいない」という意でしか用いないことを押さえておけば、迷うことはほとんどないと思う。

迷うとすれば、補足説明で触れられているように、「ない」に「無」を当てるか、仮名で書くかということで

ない　　093

【無い*】（⇔**有る・在る**）。**存在しない。所有していない。**
有ること無いこと言い触らす。無くて七癖。無い袖は振れぬ。無い物ねだり。

【亡い】死んでこの世にいない。
今は亡い人。友人が亡くなる。亡き父をしのぶ。

* 「今日は授業がない」「時間がない」「金がない」などの「ない」は，漢字で書く場合，「無」を当てるが，現在の表記実態としては，仮名書きの「ない」が一般的である。

あろう。

「公用文における漢字使用等について」には、「次のような語句を、（ ）の中に示した例のように用いるときは、原則として、仮名で書く。」とあり、その例の一つとして、
ない（欠点がない。）

が示されている。さらに「助動詞及び助詞は、仮名で書く。」の例の一つに、
ない（現地には、行かない。）

が示されている。

補足説明の中で挙げられている用例はいずれも右の前者と同じ「ない」で、形容詞の「ない」である。

また、「面白くない」「悪くない」「高くない」などの補助形容詞と呼ばれる「ない」についても、仮名書きが一般的である。

逆に、どのような場合に「無」の字を当てるのかに関して、『読売新聞　用字用語の手引　第3版』には、

「在る・有る」と対比して強調する慣用表現は漢字でもよい。有ること無いこと、神は在るか無いか、無い袖は振れぬ、無い物ねだり、無くて七癖
という注記がある。平成23年の文部科学省「用字用語例」でも「無」は「有り・無し」の例が示されているだけで、「ない」は仮名書きが原則である。

したがって、「ある（有・在）」との対比を意識して「無」を用いる以外は、仮名書きにするという考え方で整理しておいていいと思う。

◉「なおす・なおる」

「直」と「治」の使い分けについては、「直」は「元のあるべき状態に戻す」、

なおす・なおる	094
【直す・直る】正しい状態に戻す。置き換える。 誤りを直す。機械を直す。服装を直す。故障を直す。ゆがみが直る。仮名を漢字に直す。 【治す・治る】病気やけがから回復する。 風邪を治す。けがが治る。傷を治す。治りにくい病気。	

「治」は「健康な状態に戻す」というそれぞれの基本イメージが確認できていれば余り困ることはないだろう。

　また、「直」の方は、用例の「仮名を漢字に直す」や、「英語をフランス語に直す」「一寸をセンチメートルに直す」のように「変換する・変更する」意で用いられることも多い。

◉「なか」

「中」と「仲」の使い分けについては、語義を確認していただければ困ることはないと思う。「仲」は「人と人との関係」すなわち「間柄」の意である。

「仲」の用例にある「話し合って仲直りする」の「仲直り」に「直」の字を当てるのは、前項の「直」の基本イメージを考え合わせると分かりやすいと思う。

なか	095
【中】	(⇔外)。**ある範囲や状況の内側。中間。** 箱の中。家の中。クラスの中で一番足が速い。嵐の中を帰る。両者の中に入る。
【仲】	**人と人との関係。** 仲がいい。仲を取り持つ。仲たがいする。話し合って仲直りする。犬猿の仲。

◉「ながい」

「長」と「永」の使い分けについて、『新聞用語集』では、

＝**長い**〔一般用語。短の対語〕秋の夜長、気が長い、長雨、長い髪、長生き、…略…長々と、長引く、長持ち、細く長く

＝**永い**〔限定用語〕末永く契る、永い眠りにつく、永の別れ、春の日永

ながい	096
【長い】	(⇔短い)。**距離や時間などの間隔が大きい。** 長い髪の毛。長い道。長い年月。気が長い。枝が長く伸びる。長続きする。長い目で見る。
【永い】	**永久・永遠と感じられるくらい続くさま。** 永い眠りに就く。永の別れ。永くその名を残す。永のいとまを告げる。末永(長)く契る*。

* 時間の長短に関しては，客観的に計れる「長い」に対して，「永い」は主観的な思いを込めて使われることが多い。「末ながく契る」は，その契りが「永久・永遠と感じられるくらい続く」ようにという意で「永」を当てるが，客観的な時間の長さという視点から捉えて，「長」を当てることもできる。

とある。これは、一般的には「長い」を使い、「永遠・永久」といったニュアンスを強調したい場合に「永い」を用いるということである。補足説明にもあるように、「長」と「永」のどちらを当てても問題ない場合も多いが、迷った場合には、一般用語として広く用いられる「長」を当てておくという考え方でいいと思う。

なお、『新聞用語集』の用例では、「秋の夜長」「春の日永」と表記が分かれているが、「春の日長」としても全く問題ない。

◉「ならう」

「ならう」については、「習」の方は「教えを受ける。習得する」意で、「倣」の方は「模倣する」意で用いる。

ならう	097
【習う】教わる。繰り返して身に付ける。 先生にピアノを習う。英語を習う。習い覚えた技術。習い性となる。見習う。	
【倣う】手本としてまねる。 前例に倣う。西洋に倣った法制度。先人のひそみに倣う。右へ倣え。	

この点だけ押さえておけば、「習」と「倣」の使い分けに困ることはないと思う。

◉「におい・におう」

「匂」と「臭」の使い分けについては、語義にあるように、その「におい」が「良いもの」であれば「匂」、「不快・好ましくないもの」であれば「臭」を当てるのが基本である。問題になるのは、「快・不快」のどちらとも判断が付かないような「におい」に対して、どちらを当てるかであろう。

『新聞用語集　追補版』の「注」には、

「辞任・出馬の意向をにおわす」など「ほのめかす」意味で用いる場合や、「強い香水・たばこのにおい」

におい・におう	098
【匂い・匂う】主に良いにおい。 梅の花の匂い。香水がほのかに匂う。	
【臭い・臭う】主に不快なにおいや好ましくないにおい。 魚の腐った臭い。生ごみが臭う。ガスが臭う。	

などよい香りか不快なにおいかが判別できない場合、「臭〈くさ〉いにおい」など漢字書きでは紛らわしい場合は、仮名書きにする。

とあって、「匂・臭」のどちらを当てるか迷った場合の参考となる。なお、「臭」には「くさい」という訓もあり、「不快なにおい」の意が強調される。そのために、どちらとも取れるような場合に漢字を当てるとすれば「匂」の方が無難であると言えよう。

◉「のせる・のる」

「乗」と「載」の使い分けについて、『新聞用語集』では、

=**乗る・乗せる**〔一般用語。主として行為・動作〕風に乗って運ぶ、軌道に乗る、…略…

=**載る・載せる**〔掲載、積載〕網棚に荷物を載せる、…略…

とある。「乗」は、主に「人」に関わる移動などに対して用いられ、「載」は、「もの」に対して用いられるのが基本である。「乗」は、用例に挙げられているように、「時流」や「相談」など比喩的に「のる」意でも用いられるが、「乗り越す・乗り込む・乗り入れる」など複合語として用いることも多い。一方、「載」は、「掲載」や「積載」「置く」と置き換えられる場合が多い。

なお、『言葉に関する問答集 総集編』（文化庁、平成7年）には、

……したがって、同じく「飛行機にのせる」場合でも、「人」のときは「乗せる」であり、

のせる・のる	099
【乗せる・乗る】乗り物に乗る。運ばれる。応じる。だます。勢い付く。 バスに乗る。タクシーに乗せて帰す。電車に乗って行く。電波に乗せる。風に乗って飛ぶ。時流に乗る。相談に乗る。口車に乗せられる。図に乗る。 **【載せる・載る】積む。上に置く。掲載する。** 自動車に荷物を載せる。棚に本を載せる。机に載っている本。新聞に載った事件。雑誌に広告を載せる。名簿に載る。	

貨物のときは「載せる」である。また、何かの事件の報道でも新聞・雑誌などに記事として掲げられた場合には「新聞に載った。」であり、テレビジョン・ラジオなどで報道された場合は、「電波に乗った。」であるということになる。

という記述がある。

◉「のぞむ」

「望」と「臨」の使い分けについては、語義と用例を確認していただければ余り迷うことはないと思う。

「望む」は、用例に「山頂から富士を望む」とあるように対象物との距離が遠い場合に用いるのが基本であるが、「臨む」の方は、対象物との距離が近い場合に用いるのが基本である。

また、語義に挙げられている「参加する」や「対する」という意で「臨む」を用いるのは、式典や試合など改まった場面や緊張する場面に対して使うことが多い。

のぞむ	100
【望む】遠くを眺める。希望する。 山頂から富士を望む。世界の平和を望む。自重を望む。多くは望まない。	
【臨む】面する。参加する。対する。 海に臨む部屋。式典に臨む。試合に臨む。厳罰をもって臨む。難局に臨む。	

◉「のばす・のびる・のべる」

「伸」と「延」の使い分けについては、かなり迷うことが多いのではないだろうか。

下記の平成26年の「使い分け例」の語義は、

のばす・のびる・のべる	101
【伸ばす・伸びる・伸べる】まっすぐする。増す。そのものが長くなる。差し出す。 手足を伸ばす。旅先で羽を伸ばす。伸び伸びと育つ。勢力を伸ばす。輸出が伸びる。学力が伸びる。草が伸びる。身長が伸びる。救いの手を差し伸べる。	
【延ばす・延びる・延べる】遅らす。つながって長くなる。重複も認め合計する。広げる。 出発を延ばす。開会を延ばす。支払いが延び延びになる。地下鉄が郊外まで延びる。寿命が延びる。終了時間が予定より１０分延びた。延べ１万人の観客。金の延べ棒。	

よく整理されているので、用例と合わせて何度かお読みいただくといいと思う。「伸」は〈縮んでいるものをのばす・そのものが長くなる・勢いや能力が増す〉といったイメージ、「延」は〈加わって長くなる・時期が遅れる・時間などが長くなる・広げる〉といったイメージである。また、「延べ日数」などの「のべ」にも「延」を用いる。

『新聞用語集』では、「使い分けに迷う場合は仮名書きにする。」という「注」を付している。迷った場合には、この考え方も参考となろう。

◉「のぼる」

「上」「登」「昇」の使い分けについては、まず、補足説明を読んでいただき、「上の方向に移動する」という共通の意味とそれぞれの字義の違いを確認・整理していただくのがいいと思う。

のぼる	102
【上る】（⇔下る）。**上方に向かう。達する。取り上げられる。** 階段を上る。坂を上る*。川を上る。出世コースを上る。上り列車。損害が１億円に上る。話題に上る。うわさに上る。食卓に上る。	
【登る】自らの力で高い所へと移動する。 山に登る。木に登る。演壇に登る。崖をよじ登る*。富士山の登り口。	
【昇る】（⇔降りる・沈む）。**一気に高く上がる。** エレベーターで昇る*。日が昇（上）る*。天に昇（上）る*。高い位に昇る。	
＊「坂を上る」「崖をよじ登る」「エレベーターで昇る」の「上る」「登る」「昇る」は，「上の方向に移動する」という意では共通している。この意で使う「上る」は広く一般に用いるが，「登る」は急坂や山道などを一歩一歩確実に上がっていく様子，「昇る」は一気に上がっていく様子を表すのに用いることが多い。また，「日がのぼる」「天にのぼる」の「のぼる」に「昇」と「上」のどちらも当てることができるのは，このような捉え方に基づくものである。 なお，ケーブルカーなどで山にのぼる場合にも「登」を当てるのは，「登山」という語との関係やケーブルカーなどを自らの足に代わるものとして捉えた見方による。	

その上で、「登」については「登山・登壇・登頂・登板」などとの関係を考えていくことも使い分けの手掛かりとなる。「昇」についても、同様に、「昇進・昇降・昇天・昇殿・上昇」などとの関係が手掛かりになる。

例えば、「社殿や拝殿にのぼる」場合の「のぼる」については、「昇殿」との関係を考えてみると、使い分けるときの参考になるということである。
　また、「上」「登」「昇」の使い分けで迷った場合に、仮名書きにするということも考えられるが、この中で「上」が最も広く用いられることから、迷ったら「上」を当てておくという考え方で対応してもいいように思う。例えば、用例にはない「煙が空にのぼる」「頭に血がのぼる」「日程にのぼる」などの「のぼる」に、どの字を当てるか迷った場合に「上」を当てておけば、大きく外れることはないだろうということである。別言すれば、「登」や「昇」が当たらない場合に、漢字を当てるとすれば、「上」を当てるという考え方でもそれほど問題になることはないと思う。
　なお、同じ「のぼりぐち」でも語義を踏まえて、階段の場合には「上り口」、山の場合には「登り口」と使い分けることも考えられるが、国語辞典などの見出し表記では、二つの表記を同じ意として並べているものが多い。

◉「はえ・はえる」

「映」と「栄」の使い分けについては、語義にあるように「光を受けて照り輝く」場合には「映」、「立派に感じられる」場合には「栄」を当てると整理しておけばいいと思う。『新聞用語集』でも、

＝**映える**〔主として光線関係や美的な調和を表すときに〕朝日に映えて、代わり映えがしない、…略…

＝**栄える**〔繁栄や栄光を表すときに〕栄えある勝利、

…略…

とある。「映える・栄える」は使い方が比較的限定されているので、用例に挙げられているものを押さえてお

はえ・はえる	103
【映え・映える】光を受けて照り輝く。引き立って見える。 夕映え。紅葉が夕日に映える。紺のスーツに赤のネクタイが映える。 **【栄え・栄える】立派に感じられる。目立つ。** 栄えある勝利。見事な出来栄え。見栄えがする。栄えない役回り。	

けば、使い分けに困ることはないと思う。

◉「はかる」

「はかる」は「図る・計る・測る・量る・謀る・諮る」という六つの同訓字の使い分けとなる。「使い分け例」の中で最も同訓字の多いものである。

使い分けに当たっては、

①「図る・謀る・諮る」

②「計る・測る・量る」

という二つのグループに分けて考えると分かりやすいと思う。

①のグループは、使い方が比較的限定されているので、余り迷わないと思う。すなわち、語義にあるように、「図る」は「実現するように企てる」意で、「謀る」は「良くない事を考える」意で、「諮る」は「意見を聞く。相談する」意で用いるというのが基本的な使い方であるので、まずこの点を押さえるのがいいと思う。

②の方は、①に比べると迷うことも多いのではない

はかる	104
【図る】あることが実現するように企てる。 合理化を図る。解決を図る。身の安全を図る。再起を図る。局面の打開を図る。便宜を図る。 **【計る】時間や数などを数える。考える。** 時間を計る。計り知れない恩恵。タイミングを計る。頃合いを計って発言する。 **【測る】長さ・高さ・深さ・広さ・程度を調べる。推測する。** 距離を測る。標高を測る。身長を測る*。水深を測る。面積を測る。血圧を測る。温度を測る。運動能力を測る。測定器で測る。真意を測りかねる。 **【量る】重さ・容積を調べる。推量する。** 重さを量る。体重を量る*。立体の体積を量る。容量を量る。心中を推し量る。 **【謀る】良くない事をたくらむ。** 暗殺を謀る。悪事を謀る。会社の乗っ取りを謀る。競争相手の失脚を謀る。 **【諮る】ある問題について意見を聞く。** 審議会に諮る。議案を委員会に諮る。役員会に諮って決める。	
* 「身長と体重をはかる」という場合の「はかる」は,「測定する」と言い換えられることなどから,「量る」よりも「測る」を用いる方が一般的である。	

だろうか。「計・測・量」の使い分けについては、国語辞典や表記辞典でも揺れているところがあるので、「計る」は「時間や数量などを数える。適時を考える」、「測る」は「長さ・高さ・深さ・広さ・度合いを測定する。推測する」、「量る」は「重量、体積など立体的なものを計量する。推量する」と整理して、これに照らして漢字を使い分けていくのがいいと思う。

ある『漢字使い分け辞典』では、「計る」の用例として、「プールの水温を計る」「相手の心を計（量・測）る」「うまく計（謀）ったつもりか」を載せている。最初のものは「計測」、二番目は「計測・計量」の比喩的用法、三番目は「計略」との関係を考えると、「計」を当てた理由が了解できると思う。

三番目の用例に関しては、昭和47年の「「異字同訓」の漢字の用法」に「計る」の用例として、「まんまと計られる」が挙げられていたことも影響していよう。平成26年の「使い分け例」では、現在の表記実態を踏まえて、この場合には「計」よりも「謀」の方が一般的であろうということで、この用例を外すことにした。

それはともかく、この辺りの熟語との関係が、特に②のグループの使い分けを複雑にしているところがあるので、右に述べた整理に基づいて余り難しく考えず、ある程度機械的に使い分けていくという考え方をしていくのが分かりやすいと思う。

なお、平成24年度の文化庁「国語に関する世論調査」では、「標高をはかる」を漢字に直すとしたら、「測・計・図」のうちどれを選ぶかを尋ねている。結果は、「測」が82・9％、「計」が11・1％、「図」が2・1％、「二つ以上選ぶ漢字がある」が2・2％、「どれも使わない」が0・2％、「分からない」が1・6％であった。

◉「はじまる・はじめ・はじめて・はじめる」

「初」と「始」の使い分けについては、「はじまる・はじめる」という動詞の場合には「始」を当て、「はじめて」という副詞の場合には「初」を当てるのが基本である。「はじめて」については、「初めて・始めて」と併記する国語辞典もあり、「始」も間違いではない。ただ、常用漢字表では、訓「はじめて」は「初」にだけ掲げられているので、現在の表記としては「初」を用いるのが一般的である。

はじまる・はじめ・はじめて・はじめる	105
【初め・初めて】ある期間の早い段階。最初。先の方のもの。 初めはこう思った。秋の初め。年の初め。初めて聞いた話。初めてお目に掛かる。初めての経験。初めからやり直す。初めの曲の方がいい。 **【始まる・始め・始める】開始する。始めたばかりの段階。物事の起こり。主たるもの。** 懇親会が始まる。仕事を始める。書き始める。手始め。仕事始め。始めと終わり。国の始め。人類の始め。校長を始め，教職員一同……*。 *「校長をはじめ，教職員一同……」などという場合の「はじめ」については，多くの人や物の中で「主たるもの」の意で「始」を当てるが，現在の表記実態としては，仮名で書かれることも多い。	

また、「はじめ」という名詞で用いられる場合、「時間に関わる名詞」には「初」、「動詞や物事の起こり、始めたばかりの段階」には「始」を当てることが多い。前者の例としては「春の初め」「年の初め」、後者の例としては「書き始め」「国の始め」「仕事始め」などがある。なお、補足説明にもあるように「…をはじめ、…」の場合には仮名で書かれることが多い。

◉「はな」

「花」と「華」の使い分けについては、語義と用例を確認していただければほとんど迷うことはないと思う。「花」の方が一般用語として広く使われている。

はな	106
【花】植物の花（特に桜の花）。花のように人目を引くもの。 花が咲く。花を生ける。花も実もない。花道を飾る。両手に花。花の都。花形。 **【華】きらびやかで美しい様子。本質を成す最も重要な部分。** 華やかに着飾る。華やかに笑う。華々しい生涯。国風文化の華。武士道の華。	

◉「はなす・はなれる」

「離」と「放」の使い分けについては、まず語義と用例を確認していただきたい。「離」は「間隔が広がる・分離する」、「放」は「解放する・放棄する」意で用いるのが基本である。

はなす・はなれる	107
【離す・離れる】距離や間隔が広がる。離脱する。 間を離す。ハンドルから手を離す。切り離す。駅から遠く離れた町。離れ島。離れ離れになる。戦列を離れる。職を離れる。	
【放す・放れる】拘束や固定を外す。放棄する。 鳥を放す。魚を川に放す。違法駐車を野放しにする。放し飼い。手放しで褒める。矢が弦を放れる。見放す。	

「離」の用例として「ハンドルから手を離す」が挙げられているが、ある表記辞典の用例には「ハンドルから手を放す」とある。「離す」と「放す」の使い分けで、迷うことは余りないと思うが、この用例のような場合にはどう考えたらいいだろうか。

「使い分け例」では、「ハンドルと手が分離した状態となる」という意で「離」を当てている。ところで、国語辞典の「てばなし」の見出し表記は、確認した範囲では全てが「手放し」である。「手放しで自転車に乗る」という用例を掲げるものも多い。この点を踏まえると、右の表記辞典は「手放し」との関係から「放」を当てたことが了解されよう。もちろん、どちらも間違いではない。ただ、「てばなし」という語の場合には「放」を用いるのが一般的である。

◉「はやい・はやまる・はやめる」

「早」と「速」の使い分けについては、「何かを始めたり終わったりする時間が（想定されているより）前」の意であれば「早」を当て、「一定の時間内に移動する距離や変化が大きい」意であれば「速」を当てるのが基本である。

ただし、「早口・早足・早変わり・早食い・早業・

早馬・早送り」「気が早い」「手が早い」などは慣用として「早」を用いるのが一般的である。

この辺りが使い分けるときに迷うところであるが、この点に関しては、『言葉に関する問答集　総集編』（文化庁、平成7年）にある、以下のような記述が参考になると思う。

> 「気が早い」というのも、気の進み方が「速い」のではなく、普通の人がする時刻よりも先にするという意だから「早い」である。
> しかし、「早い」の方は、こういう意味から転じて「物事を急いで行う」意味にも用いられている。「早変わり」「矢継ぎ早」などの例がこれである。こういう場合は、行う速さよりも急いで行う点を問題にした「早い」である。「早口」「足早」「手早く」なども「手っ取り早い」「言うより早く」なども「早い」の方である。（傍線筆者）

はやい・はやまる・はやめる	108
【早い・早まる・早める】時期や時刻が前である。時間が短い。予定よりも前になる。 時期が早い。早く起きる。気が早い。早変わり。早口。矢継ぎ早。早まった行動。順番が早まる。出発時間が早まる。開会の時刻を早める。	
【速い・速まる・速める】スピードがある。速度が上がる。 流れが速い。投手の球が速い。テンポが速い。改革のスピードが速まる。回転を速める。脈拍が速まる。足を速める。	

◉「はる」

『新聞用語集　追補版』には、

> ＝**張る**〔一般用語。取り付ける、広がる〕
> 氷が張る…略…

はる	109
【張る】広がる。引き締まる。取り付ける。押し通す。 氷が張る。根が張る。策略を張り巡らす。気が張る。張りのある声。テントを張る。テニスのネットを張る。板張りの床。論陣を張る。強情を張る。片意地を張る。	
【貼る】のりなどで表面に付ける。 ポスターを貼る。切手を貼り付ける。貼り紙。貼り薬。壁にタイルを貼（張）る*。	
* 「タイルをはる」の「はる」については，「タイルをのりなどで表面に付ける」という意で「貼」を当てるが，「板張りの床」などと同様，「タイルを壁や床一面に取り付ける（敷き詰める）」意では，「張」を当てることが多い。	

＝**貼る**〔限定用語。のりなどで付ける、付着〕切手
を貼る…略…

とある。また、「追補版」の「注」には「…迷ったときは「張」を使う。」とある。

「貼」の方は、基本的には、「ポスターや切手など、平らなものをのりなどでくっ付ける」場合にのみ用いられると考えておいても、そう困ることはないだろうと思う。逆に言えば、「張る」の方は用例に挙げられている以外にも、「肩（腹・値・頬骨）が張る」「胸（体・我・見え）を張る」などと広く用いられるので、「注」に示されていたように、迷った場合には「張」を当てるという考え方で、問題になることは余りないと思う。

なお、「貼」は、平成22年の常用漢字表の改定時に追加された字である。

◉「ひく」

「引」と「弾」の使い分けについては、「弾」を用いるのは「楽器を演奏する」場合に限られるので、使い分けに困ることはないと思う。

また、「曳《ひ》く・牽《ひ》く・惹《ひ》く・退《ひ》く・抽《ひ》く」などは表外漢字（曳・牽・惹）と表外音訓（退・抽）なので、現在は「引」を使うのが一般的である。例えば、「荷車を曳く」や、用例にあるように「人目を惹く」「身を退く」などは全て「引」を用いる。

これ以外に「豆を挽《ひ》く」「臼を碾《ひ》く」「通行人を轢《ひ》く」なども表外漢字（挽・碾・轢）であり、この場合は字義を考

ひく　　110

【引く】近くに寄せる。線を描く。参照する。やめる。注意や関心などを向けさせる。
綱を引く。水道を引く。田に水を引く。引き金を引く。風邪を引く。けい線を引く。設計図を引く。辞書を引く。例を引く。身を引く。人目を引く。同情を引く。

【弾く】弦楽器や鍵盤楽器を奏でる。
ピアノを弾く。バイオリンを弾く。ショパンの曲を弾く。ギターの弾き語り。弾き手。

えると「引」は当てられないので、公用文では仮名書きが原則となる。一般的な表記としても、仮名書きが普通である。

◉「ふえる・ふやす」

「増」と「殖」の使い分けに関しては、まず補足説明にあるように、現在の表記実態として「殖える」が余り使用されていないということを確認しておく必要がある。

『新聞用語集』でも、

＝**増える・増やす**〔一般用語。減の対語〕会員が増える、子供が増える、庭木を増やす…略…

ふえる・ふやす	111
【増える・増やす】（⇔減る・減らす）。**数や量が多くなる。** 人数が増える。体重が増える。出費が増える。資本金を増やす。仲間を増やす。 **【殖える*・殖やす*】財産や動植物が多くなる。** 資産が殖える。財産を殖やす。ねずみが殖える。家畜を殖やす。株分けで殖やす。	
*「利殖・繁殖」という語との関係を意識して「殖える・殖やす」と「殖」を当てるが，現在の表記実態としては，「利殖・繁殖」の意で用いる場合も「資産が増える」「家畜を増やす」など，「増」を用いることが多い。	

＝**殖える・殖やす**〔限定用語。利殖・繁殖〕家畜を殖やす、金を殖やす、財産が殖える…略…

〔注〕「殖」の代わりに「増」を使ってもよい。

とある。したがって、「利殖・繁殖」の意を強調したり、明確にしたりしたい場合に「殖」を用い、それ以外の場合には「増」を用いるというのが、現在の表記実態に即した使い分けと言えよう。

◉「ふく」

「吹」と「噴」の使い分けについて

ふく	112
【吹く】空気が流れ動く。息を出す。表面に現れる。 そよ風が吹く。口笛を吹く。鯨が潮を吹（噴）く*。干し柿が粉を吹く。吹き出物。不満が吹（噴）き出す*。汗が吹（噴）き出る*。 **【噴く】気体や液体などが内部から外部へ勢いよく出る。** 火山が煙を噴く。エンジンが火を噴く。石油が噴き出す。火山灰を噴き上げる。	
*　「鯨が潮をふく」は，鯨が呼気とともに海水を体外に出すところに視点を置いた場合は「吹」を，体内から体外に勢いよく出るところに視点を置いた場合は「噴」を当てる。 　また，「不満」や「汗」が「表面に現れる」とき，その現れ方の激しさに視点を置いた場合には「噴」を当てることもできる。	

は、まず補足説明を読んでいただくのがいいと思う。

この「吹」と「噴」は、「外に出てくる」という意では共通している。そのために、この意で使われる場合には、多くの場合、どちらの字も当てることができる。補足説明にあるように、どこに視点を置くかでどちらの字を用いても成り立つからである。別言すれば、この意で用いる場合は、どちらの字でも問題ない場合が多い。「噴」を当てるのは、「噴出」のイメージ、すなわち「勢いのよさやその激しさ」を明確にしたい場合である。この点を最初に確認した上で、語義と用例を改めて見ていただければ、使い分けで困ることはほとんどないと思う。

「吹く」は、用例に挙げられている以外にも「泡を吹く」「新芽を吹く」「フルートを吹く」「霧を吹く」「ほらを吹く」など広く用いられる。

◉「ふける」

「更」と「老」の使い分けについては、それぞれの語義「深まる」と「年を取る」を押さえておけば全く問題ないだろう。

「思索にふける」「物思いにふける」「読みふける」など「夢中になる」意の場合に「耽《ふ》ける」として「耽」を、「芋がふける」など「蒸されて軟らかくなる」意の場合に「蒸《ふ》ける」として「蒸」を当てることもあるが、「耽」は表外漢字、「蒸ける」は表外訓となるため、公用文や新聞などでは仮名書きが原則となる。公用文や新聞以外の表記においても、仮名書きされるのが一般的である。

ふける	113
【更ける】深まる。 深々と夜が更ける。秋が更ける。夜更かしする。	
【老ける】年を取る。 年の割には老けて見える。老け込む。この１，２年で急に老けた。	

なお、関連して言えば、「老」を用いた熟字訓である

「老舗（＝しにせ）」が平成22年の常用漢字表の改定時に「付表」に追加されている。

◉「ふね」

「船」と「舟」の使い分けに関しては、次の二点を押さえておくと分かりやすいと思う。一点目は、語義にあるように「船」は「比較的大型で複雑な構造のもの」、「舟」は「比較的小型で簡単な構造のもの」に対して使われること。もう一点は、補足説明にあるように、「ふね」に関わる様々な語に対しては、「船」が用いられるということである。この二点を押さえておけば、使い分けで余り困ることはないと思うが、用例にもあるようにどちらも当てることができる場合も少なくない。この場合、どちらの字を当てるかについては、前述の一点目をどう判断するかによる。この辺りのことを『新聞用語集』では、

〔注〕「釣り船（舟）」「船（舟）底」「渡し船（舟）」
　などは実情に応じて使い分ける。

と「実情に応じて」と記述している。

なお、「ゆぶね」の場合には、「湯船」と「舟」でなく「船」を用いるのが一般的である。「湯槽」と「槽《ふね》」を当てることもあるが、「槽」の「ふね」は表外訓となるので、「船」を用いるのが普通である。

ふね　114

【船*】比較的大型のもの。
船の甲板。船で帰国する。船旅。親船。船乗り。船賃。船荷。船会社。船出。船酔い。釣り船（舟）**。渡し船（舟）**。

【舟】主に小型で簡単な作りのもの。
舟をこぐ。小舟。ささ舟。丸木舟。助け舟（船）を出す**。

* 「船」は，「舟」と比べて，「比較的大型のもの」に対して用いるが，「船旅。船乗り。船賃。船会社。船出」など，「ふね」に関わる様々な語についても広く用いられる。
**「釣り船」「渡し船」は，動力を使わない小型の「ふね」の場合は，「釣り舟」「渡し舟」と表記することが多い。また，「助けぶね」は救助船の意で使う場合は「助け船」，比喩的に助けとなるものという意で使う場合は「助け舟」と表記することが多い。

◉「ふるう」

「ふるう」の使い分けについては、語義と用例を見ていただければ困ることはないと思う。「震う」は、「震わせる」「身震い」などの形で使われることがほとんどで、「震う」という形で使われることは余りない。

用例に挙げられている「熱弁を振るう」や、「料理の腕を振るう」などは「技能や能力などを発揮する」意で「揮」を当てることもあるが、表外訓となるので、現在の表記実態としては「振」を用いるのが一般的である。

また、「土をふるい分ける」「面接でふるい落とす」などは「より分ける、選別する」意で「篩《ふる》う」と「篩」を当てることもあるが、「篩」は表外漢字ということもあって、公用文の場合には仮名書きが原則となる。公用文以外の一般的な表記としても仮名書きが普通である。

ふるう　　115

【振るう】盛んになる。勢いよく動かす。
士気が振るう。事業が振るわない。熱弁を振るう。権力を振るう。

【震う】小刻みに揺れ動く。
声を震わせる。決戦を前に武者震いする。思わず身震いする。

【奮う】気力があふれる。
勇気を奮って立ち向かう。奮って御参加ください。奮い立つ。奮い起こす。

◉「ほか」

「ほか」の使い分けについては、「外」は「ある範囲の外」、「他」は「それ以外」という意で使い分ける。「他」に「ほか」という訓が追加されたのは、平成22年の常用漢字表の改定時である。これは、「他」が「ほか」という訓でよく用いられているという、表記の実態に合わせて

ほか　　116

【外】ある範囲から出たところ。
思いの外うまく事が運んだ。想像の外の事件が起こる。もっての外。

【他】それとは異なるもの。
他の仕事を探す。この他に用意するものはない。他の人にも尋ねる。

追加したものである。使い分け自体はそれほど面倒ではないが、次のことはここで確認しておきたい。

それは、「公用文における漢字使用等について」の中に、「キ　次のような語句を、（　）の中に示した例のように用いるときは、原則として、仮名で書く。」の例の一つとして、

ほか（そのほか…、特別の場合を除くほか…）

が挙げられていることである。内閣法制局長官から出された「法令における漢字使用等について」でも、「次のものは、常用漢字表にあるものであっても、仮名で表記するものとする。」の中に、「外、他→ほか」とある。この扱いについては、これまでの法令における表記との整合を取ること、「その他」が「そのほか」とも「そのた」とも読め、読みが一つに確定できないことを避けるといったことを考慮したということでもある。

『新聞用語集　追補版』の「注」でも、「一般的には仮名書きも使われている。使い分けで迷うときなどは仮名書きも活用する。」と示されている。

◉「まざる・まじる・まぜる」

「交」と「混」の使い分けについては、語義にあるとおり「元の素材が判別できる形でまざり合う」場合には「交」を当て、「元の素材が判別できない形でまざり合う」場合には「混」を当てるというのが基本的な考え方である。すなわち、「溶け合わないまじり方」の場合には「交」を、「溶け合うま

まざる・まじる・まぜる	117

【交ざる・交じる・交ぜる】主に，元の素材が判別できる形で一緒になる。
芝生に雑草が交ざっている。漢字仮名交じり文。交ぜ織り。カードを交ぜる。白髪交じり。子供たちに交ざって遊ぶ。小雨交じりの天気。

【混ざる・混じる・混ぜる】主に，元の素材が判別できない形で一緒になる。
酒に水が混ざる。異物が混じる。雑音が混じる。コーヒーにミルクを混ぜる。セメントに砂を混ぜる。絵の具を混ぜる。

じり方」の場合には「混」を当てるということである。ただ、語義にも「主に」とあるように、捉え方により、どちらを当てても問題のない場合も多い。

右の原則を意識して、用例を改めて見ていただくと、この「交」と「混」の使い分けがより明確になると思う。

◉「まち」

「町」と「街」の使い分けについては、それぞれの語義を押さえておけば余り困ることはないと思う。

『言葉に関する問答集　総集編』（文化庁、平成7年）には、

商店などが並んだにぎやかな道筋。またはそういう区域。（この用法は、英語の「street」または「avenue」に相当する。〈例〉街の灯）

の場合には「「街」を書くのが普通である。」と記述されている。その意味で、「町」よりも「街」の方が用いる範囲が狭く、限定されていると言えよう。

なお、昭和23年の当用漢字音訓表では、訓の「まち」は「町」の方にだけ示され、「街」は音の「ガイ」だけが示されていた。訓の「まち」が「街」に追加されるのは、23年の音訓表を改定した昭和48年の当用漢字音訓表においてである。

まち	118
【町】	**行政区画の一つ。人家が多く集まった地域。** 町と村。○○町。町役場。町ぐるみの歓迎。城下町。下町。町外れ。
【街】	**商店が並んだにぎやかな通りや地域。** 街を吹く風。学生の街。街の明かりが恋しい。街の声。街角に立つ。

◉「まるい」

「丸」と「円」の使い分けについては、まず補足説明を読んでいただきたい。そこに記述されているように、現在の漢字使用においては、「円」に比べて「丸」の方がずっと多く使われている。『新聞用語集』でも、この辺りの事情を踏まえ、次のように示されている。

＝**丸・丸い**〔一般用語〕背中を丸くする、二重丸、丸い玉、丸い輪、丸顔、丸木舟、丸く収まる、丸腰、丸三年、丸太、丸出し、…略…

＝**円・円い**〔限定用語〕円い人柄、円がんな、円天井、円盆、円屋根

まるい	119
【丸い】球形である。角がない。 丸いボール。地球は丸い。背中が丸くなる。角を丸く削る。丸く収める。	
【円い】円の形である。円満である。 円（丸）い窓*。円（丸）いテーブル*。円（丸）く輪になる*。円い人柄。	
* 窓やテーブル，輪の形状が円形である場合に「円い」と「円」を当てるが，現在の漢字使用においては，球形のものだけでなく，円形のものに対しても，「丸」を当てることが多い。	

「円・円い」は「限定用語」とされているが、国語辞典の見出し表記などでは、ここに挙げられた語例の全てに「丸い…・丸…」が併記されているものがほとんどである。したがって、「円形・円満」の意を特に明確にしたい場合に「円」を用い、それ以外は「丸」を用いるという考え方で使い分けるのがいいと思う。「円」に訓「まるい」が追加されるのは、昭和48年の当用漢字音訓表においてである。

なお「まるで違う」や「漢字がまるで読めない」など、副詞の「まるで」については、国語辞典の見出し表記では「丸で」とするものが多いが、仮名書きの方が一般的であろう。また、「公用文における漢字使用等について」には、「次のような副詞及び連体詞は、原則として、漢字で書く。」「ただし、次のような副詞は、原則として、仮名で書く。」として、それぞれに語例が挙げられているが、「まるで」については、そのどちらにも挙げられていない。

◉「まわり」

「回」と「周」の使い分けについては、「周」の方は「周囲・周辺」の意で用いるのが原則である、と確認して

まわり	120
【回り】回転。身辺。円筒形の周囲。 モーターの回りが悪い。回り舞台。時計回り。身の回り。胴回り。首回り。	
【周り】周囲。周辺。 池の周り。周りの人。周りの目が気になる。学校の周りには自然が残っている。	

おけば問題ないと思う。

ただ、「身のまわり」の「まわり」は「回」を使うのが一般的である。「自分の周囲・周辺」の意で「身の周り」としても問題なさそうであるが、確認した範囲では、見出し表記として「身の回り」と「身の周り」を併記している国語辞典は1冊しかなかった。

「身の周り」は間違いではないが、「身の回り」の方が一般的であることは改めて確認しておいてもよい。

◉「みる」

「見」と「診」の使い分けについては、語義を見ていただければ迷うことはないと思う。

「みる」に「観」「視」「看」などを当てることもあるが、これらは全て表外訓となるので、公用文や一般的な表記としては、「見」を当てるのが基本である。用例にある「面倒を見る」や「親を見る」は、世話をする意で「看」を当ててもいいところであるが、「看る」は表外訓ということもあり、「見」を用いるのが一般的である。

また、「見てみる」「考えてみる」の「みる」のように補助動詞として使われる場合には仮名書きするのが一般的である。「公用文における漢字使用等について」においても、このように補助動詞として用いる場合には、仮名書きするのが原則とされている。

みる	121
【見る】眺める。調べる。世話する。 遠くの景色を見る。エンジンの調子を見る。顔色を見る。面倒を見る。親を見る。	
【診る】診察する。 患者を診る。脈を診る。胃カメラで診る。医者に診てもらう。	

◉「もと」

「下」「元」「本」「基」の使い分けについては、語義と用例を確認していただければそれほど問題となることはないと思う。ただ、国語辞典などでも「元・本」などと二通りの表記が示されていることが多いので、必要以上に使い分けにはこだわらなくてもいいように思う。

参考までに、『新聞用語集』では次のように示されている。「●」は表外音訓であることを示す。

＝〔許〕→**元**〔一般用語〕足元、彼の元に急ぐ、混乱の元、…略…

＝**下**〔支配下、手段〕一撃の下に倒す、彼の下で働く、…略…

＝**本**〔末の対語。本来〕本と末、本を正す

＝**基**〔基本・基礎〕資料に基づく、基になる資料

＝〔因、素〕→**もと**〔原因、原料〕スープのもと、病気のもと、間違いのもと

なお、最後の「因・素」はどちらも表外訓となるので、公用文においても仮名書きにするのが原則となる。

もと　122

【下】**影響力や支配力の及ぶ範囲。…という状態・状況で。物の下の辺り。**
法の下に平等。ある条件の下で成立する。一撃の下に倒した。花の下で遊ぶ。真実を白日の下にさらす。灯台下暗し。足下（元）が悪い*。

【元】**物事が生じる始まり。以前。近くの場所。もとで。**
口は災いの元。過労が元で入院する。火の元。家元。出版元。元の住所。元首相。親元に帰る。手元に置く。お膝元。元が掛かる。

【本】（⇔末）。**物事の根幹となる部分。**
生活の本を正す。本を絶つ必要がある。本を尋ねる。

【基】**基礎・土台・根拠。**
資料を基にする。詳細なデータを基に判断する。これまでの経験に基づく。

* 「足もと」の「もと」は，「足が地に着いている辺り」という意で「下」を当てるが，「足が着いている地面の周辺（近くの場所）」という視点から捉えて，「元」を当てることもできる。

◉「や」

「屋」と「家」の使い分けについては、まず補足説明を確認した上で、それぞれの語義を読んでいただきたい。「屋」の語義のうち「建物」を除く、「職業。屋号。ある性質を持つ人」については「屋」を用いることがかなり定着していて余り揺れがない。また「事務屋、技術屋、総会屋」など、それを専ら行う人の意でも同様に「屋」が定着している。

や	123

【屋*】建物。職業。屋号。ある性質を持つ人。
長屋に住む。小屋。屋敷。酒屋。八百屋。三河屋。音羽屋。頑張り屋。照れ屋。

【家*】人が生活する住まい。
貸家を探す。狭いながらも楽しい我が家。借家住まいをする。家主。家賃。空き家。

*「屋」も「家」もどちらも「建物」という意では共通するが，「屋」は，主として，外側から捉えた建物の形状に視点を置いて用い，「家」は，主として，建物を内側から捉えたときの生活空間に視点を置いて用いる。

補足説明は、「建物」の意で用いる場合の使い分けに関してのものだが、「主として」とあるように表記としては「屋」と「家」のどちらも使われるものが少なくない。例えば、「平屋・平家」「二階屋・二階家」「あばら屋・あばら家」などは、国語辞典の見出し表記では「○○屋」と「○○家」が併記されているものが多い。細かいことを言えば「屋」の方を先に表記しているものが多く、「あばら」の表記には「荒《あば》ら」と「荒」を当てている。なお、訓の「あばら」は表外訓である。

　また、確認した範囲の国語辞典では「わがや」については、「我が家」だけで「我が屋」を掲げるものはなかった。「我が家」の場合には「人が生活する住まい」という意が明確であるからであろう。したがって、「建物」の意の場合には、どちらでも構わないものが多いことを前提として、補足説明に示された考え方で使い分けていくのがいいと思う。参考として、以下に『新聞用語集』での使い分けを示しておく。
＝**屋**〔建物、職業、性質〕母屋、酒屋、数寄屋、建屋、長屋、二階屋、平屋、屋形船、屋号、分からず屋
＝**家**〔主として住居関係に〕空き家、あばら家、一軒家、売り家、大家、貸家、借家、離れ家、家賃、家主

◉「やさしい」

「優」と「易」の使い分けについては、「易」が基本的に「難しい」の対義語としてしか使われないので、ほとんど迷うことはないだろう。

関連して言えば、「読みやすい」や「食べやすい」などの「やすい」に、「容易である」の意で「易」を当てることもあるが、「やすい」は表外訓になるので、公用文や新聞では仮名書きが原則となっている。また、「易」に訓の「やさしい」が追加されたのは、昭和48年に改定された当用漢字音訓表においてである。

やさしい	124
【優しい】思いやりがある。穏やかである。上品で美しい。 優しい言葉を掛ける。誰にも優しく接する。気立ての優しい少年。物腰が優しい。	
【易しい】（⇔**難しい**）。**たやすい。分かりやすい。** 易しい問題が多い。誰にでもできる易しい仕事。易しく説明する。易しい読み物。	

◉「やぶれる」

「破」「敗」の使い分けについては、基本的に「破」が当たる場合には「破棄する・破壊する・破損する」、「敗」が当たる場合には「敗北する」と言い換えることができる、と整理しておけば、迷うことはほとんどないと思う。

やぶれる	125
【破れる】引き裂くなどして壊れる。損なわれる。 障子が破れる。破れた靴下。均衡が破れる。静寂が破れる。	
【敗れる】負ける。 大会の初戦で敗れる。勝負に敗れる。人生に敗れる。選挙に敗れる。敗れ去る。	

◉「やわらかい・やわらかだ」

「柔」と「軟」の使い分けについては、まず語義を見ていただきたい。「弾力のあるやわらかさ」には「柔」、「手応えや歯応えのないやわらかさ」には「軟」を用いるのが基本となるが、実際には、どちらとも取れる場合が多く、厳密に使い分けるのは難しい。

『言葉に関する問答集総集編』（文化庁、平成7年）にも、

> 要するに、国語の「やわらか」「やわらかい」を書き表す漢字としては、「柔」の方が代表的表記であり、しかも使用範囲が広いことは間違いない。…中略…「軟」に「やわらか・やわらかい」の訓が掲げられたのは、昭和四十八年に改定された音訓表以来のことである。この審議の参考資料である「異字同訓」の漢字の用法」では、「柔」「軟」の書き分けについて、次のように用例を示している。
>
> 柔らかい・柔らかだ―柔らかい毛布。身のこなしが柔らかだ。物柔らかな態度。
>
> 軟らかい・軟らかだ―表情が軟（柔）らかい。軟（柔）らかい話。軟（柔）らかな土。
>
> これを見ても、両者の区別が難しいことを思わせる。したがって、どちらを書くか迷う場合には、「柔」（又は仮名書き）を使う方が無難であろう。

とある。「軟」の用例全てに「柔」が併記されているのは、それまで「軟」に訓「やわらか・やわらかい」が音訓表に示されていなかったことを考慮したものである。

やわらかい・やわらかだ　126

【柔らかい・柔らかだ】ふんわりしている。しなやかである。穏やかである。
柔らかい毛布。身のこなしが柔らかだ。頭が柔らかい。柔らかな物腰の人物。物柔らかな態度。

【軟らかい・軟らかだ】（⇔硬い）。**手応えや歯応えがない。緊張や硬さがない。**
軟らかい肉。軟らかな土。地盤が軟らかい。軟らかく煮た大根。軟らかい表現。

『新聞用語集』では、「柔」は「剛の対語」、「軟」は「硬の対語」としている。ということで、使い分けについては余り厳密に考えず、「使い分け例」に従った表記をするか、場合によっては仮名書きにしてもいいと思う。

◉「よ」

「世」と「代」の使い分けについては、補足説明の内容が確認できていれば、それほど困ることはないと思う。

「世」は、語義にあるように「その時の世の中」の意で用いるが、別の語で言えば、「世間。社会。時代。時世」などとなろう。

よ　　　　１２７

【世】その時の世の中。
明治の世*。世の中が騒然とする。この世のものとは思えない美しさ。世渡り。世が世ならば。

【代】ある人や同じ系統の人が国を治めている期間。
明治の代*。２６０年続いた徳川の代。武家の代。

*「明治のよ」については,「明治時代の世の中」という意では「明治の世」,「明治天皇の治世下にある」という意では「明治の代」と使い分ける。

◉「よい」

「良」と「善」の使い分けについては、語義を読んでいただければ、それほど迷うことはないと思う。迷うのは、表外訓となる「好《よ》い」「佳《よ》い」などとの関係であろう。「花の香りが好い」「天気が好い」など、「好ましい・望ましい」という意で「好」を当て、「佳い年を迎える」「今日の佳き日に…」など、「何かを行うのによい・めでたい」という意で「佳」を当てることもある。

よい　　　　１２８

【良い】優れている。好ましい。
品質が良い。成績が良い。手際が良い。発音が良い。今のは良い質問だ。感じが良い。気立てが良い。仲間受けが良い。良い習慣を身に付ける。

【善い】道徳的に望ましい。
善い行い。世の中のために善いことをする。人に親切にするのは善いことである。

現在の表記実態としては

「良い」が広く使われていて、「好」や「佳」を当てることができる場合にも「良」を当てることが多い。ただ、「良」が当てにくいと感じる場合には仮名書きにしてもいいいと思う。『新聞用語集』では「良い」を「一般用語」、「善い」を「限定用語。徳性」としていて、表外訓となる「好」や「佳」は基本的に使わないことになっている。

なお、「公用文における漢字使用等について」には、「次のような語句を、（　）の中に示した例のように用いるときは、原則として、仮名で書く。」として、

…てよい（連絡してよい。）

が挙げられている。これは、新聞でも同様で、『新聞用語集』には、

＝**よい**〔補助用言、接尾語など〕～してよい、住みよい、それでよい

とある。右に「住みよい」の例が挙げられているが、動詞の連用形に付く、「書きよいペン」「履きよい靴」などの「よい」についても公用文を含めて、仮名書きにするのが一般的である。

◉「よむ」

「読」と「詠」の使い分けについては、「詩歌を作る」場合にだけ「詠」を用い、それ以外の場合には「読」を用いると整理しておけば、困ることはないと思う。

よむ	129
【読む】声に出して言う。内容を理解する。推測する。	
大きな声で読む。子供に読んで聞かせる。秒読み。この本は小学生が読むには難しい。人の心を読む。手の内を読む。読みが浅い。読みが外れる。	
【詠む】詩歌を作る。	
和歌や俳句を詠む。一首詠む。歌に詠まれた名所。題に合わせて詠む。	

◉「わかれる」

「分」と「別」の使い分けの要点は、「分」の方が広く「分離・分岐」の意で用いられるのに対して、「別」の方は基本的に「人が別れる（別離）」意でしか用いな

いというところにある。

この点を頭に置いて、用例を改めて読んでいただくと、「分」と「別」の使い分けの要点がはっきりすると思う。例えば、「生き別れ・永の別れ・夫婦別れ・別れの日・別れ話・別れ際」などについても、「人とのわかれ」であることが確認できれば、「別」を当てる理由が了解できると思う。

◉「わく」

「沸」と「湧」の使い分けについては、「沸」は「沸騰する・興奮する・熱狂する」意で用い、「湧」は「噴き出る・生じる・次々に起こる」意で用いるというのが基本的な考え方である。この点が確認できていれば、使い分けに困ることはないと思う。

なお、「湧」は、平成22年に行われた常用漢字表の改定によって追加された字である。参考までに『新聞用語集 追補版』においては、

=**沸く**〔沸騰〕お湯が沸く、議論が沸く、場内が沸く、人気が沸く、風呂・観衆を沸かす

=**湧く**〔わき出る〕温泉が湧く、雲が湧く、実感が湧く、石油が湧く、拍手が湧く、降って湧いた災難、勇気が湧く

わかれる　130

【分かれる】一つのものが別々の幾つかになる。違いが生じる。
道が二つに分かれる。敵と味方に分かれる。人生の分かれ道。勝敗の分かれ目。意見が分かれる。評価が分かれる。

【別れる】一緒にいた身内や友人などと離れる。
幼い時に両親と別れる。家族と別れて住む。けんか別れになる。物別れに終わる。

わく　131

【沸く】水が熱くなったり沸騰したりする。興奮・熱狂する。
風呂が沸く。湯が沸く。すばらしい演技に場内が沸く。熱戦に観客が沸きに沸いた。

【湧く】地中から噴き出る。感情や考えなどが生じる。次々と起こる。
温泉が湧く。石油が湧き出る。勇気が湧く。疑問が湧く。アイデアが湧く。興味が湧かない。雲が湧く。拍手や歓声が湧く。

と示されている。右の用例に「拍手が湧く」があるが、これは「わき出る・生じる」意で「湧」を当てたものであるが、「会場が興奮し熱狂した結果」として「拍手がわく」といった場合には「沸」を当てることもできるように思う。これは、どこに視点を置くかということで、どちらの字を用いることも可能であろう。また、判断に迷った場合には、仮名書きにするという選択肢もある。

◉「わざ」

「技」と「業」の使い分けについては、語義にあるとおりであるが、「技」は「技術や術そのもの」、「業」は「技術や術を用いた結果、生じる動きや仕事」と押さえておけば分かりやすいと思う。そのように整理することで、『新聞用語集』において、「技」の用例として挙げられている「荒技・寝技〈柔道など〉」「離れ技〈体操〉」、「業」の用例として挙げられている「荒業」「寝業師」「離れ業〈一般用語〉」と使い分ける理由も了解できると思う。

「人間業とはとても思えない」という場合に、「技」でなく「業」を用いるのも「動きや行為を技術そのものからではなく、技術を用いた結果の全体像として捉える立場」から表現するからである。用例に挙げられた「神業・至難の業・軽業・業師」が「業」を用いる理由も同様である。

わざ	132
【技】	**技術・技芸。格闘技などで一定の型に従った動作。** 技を磨く。技を競う。技に切れがある。柔道の技。技を掛ける。投げ技が決まる。
【業】	**行いや振る舞い。仕事。** 人間業とも思えない。神業。至難の業。軽業。業師。物書きを業とする。

◉「わずらう」

「煩」と「患」の使い分けについては、語義を押さえておけば、ほとんど迷うことはないと思う。

なお、「煩う」の方は「言い煩う」「行き煩う」など「…しかねる。なかなか…できない」という意でも使うが、現在は、この意で使うことは少ない。

わずらう　１３３

【煩う】迷い悩む。
卒業後の進路のことで思い煩う。心に煩いがない。

【患う】病気になる。
胸を患う。３年ほど患う。大病を患う。長患いをする。

あとがき

「異字同訓の漢字の使い分け」を明確に示すことは難しい。この点に関しては、「本書を読むために」で取り上げた、報告の「前書き」にも示されているとおりである。したがって、必要以上に使い分けにこだわることは避けた方がいいという認識を併せ持つことも大事なことだと思う。

国語辞典においても、どちらの漢字を用いても問題ないという示し方が多くなるのは、ある意味で仕方のないことでもある。ただ、実際に異字同訓の漢字の使い分けを考えていくときに、この「使い分け例」に示されている「語義（簡単な説明）」と「用例」を参考にすることで、これまでよりは迷ったり困ったりすることが確実に少なくなると思う。

「異字同訓の使い分け」と「国語施策」

「はじめに」で書いたように、ここで、異字同訓の使い分けと「国語施策」との関係について、ごく簡単に触れておきたいと思う[注]。

昭和23年の「当用漢字音訓表」の「まえがき」の一項には、

この表の字訓は、やはり現代の社会にひろく行われているものの中から採用したが、異字同訓はつとめて整理した。

とある。また『国語審議会の記録』（文部省、昭和27年）には、字訓の整理に関して、「異字同訓のものの整理は、もっとも重要な問題であります。」という記述が見える。この記述から、当時の考え方が明らかとなろう。

しかし、その後、音訓表に採られている音訓の数が少ないという批判が多く出るようになり、昭和23年の音訓表は、昭和48年に改定される。この改定された当用漢字音訓表の「音訓選定の方針」の中にも、「異字同訓はなるべく避ける。しかし漢字の使い分けのできるもの、及び漢字で書く習慣の強いものは取り上げる。」という項目があった。このように「なるべく避ける」としながらも、一方で、音訓の数が少ないという批判にも対応する必要があり、結果として、旧音訓表に音86、訓271が追加された。ここから明らかなように、特に訓が多く追加されている。

異字同訓の漢字を使い分けるということが、漢字使用の上で、国民の大きな負担となっている、というのが国語施策の基本的な考え方であった。昭和48年の音訓表でも、その考え方は理念として継承されているが、実際は、この改定によって、異字同訓の漢字がかなり増える結果となった。

文化審議会国語分科会の報告「「異字同訓」の漢字の使い分け例」は、これまでの国語施策の流れの中で見れば、音訓表の改定、また、平成22年の常用漢字表の改定によって生じた「異字同訓」を使い分けていくための国語施策として位置付けられるものである。

氏原基余司

注：詳しくは、拙稿「国語施策と異字同訓―国語施策における音訓整理の経緯を中心として―」（『日本語学』明治書院、平成26年8月号）を参照。

「送り仮名の付け方」の本文の付表の語（1のなお書きを除く。）の送り仮名の付け方による。

3　その他

⑴　1及び2は，固有名詞を対象とするものではない。

⑵　1及び2については，これらを専門用語及び特殊用語に適用するに当たって，必要と認める場合は，特別の考慮を加える余地があるものとする。

附則

1　この決定は，平成22年11月30日から施行する。

2　この決定は，法律については次回国会（常会）に提出するものから，政令については平成23年1月1日以後最初の閣議に提出するものから，それぞれ適用する。

3　新たな法律又は政令を起案する場合のほか，既存の法律又は政令の改正について起案する場合（文語体の法律又は勅令を文体を変えないで改正する場合を除く。）にも，この決定を適用する。なお，この決定を適用した結果，改正されない部分に用いられている語の表記と改正される部分に用いられるこれと同一の内容を表す語の表記とが異なることとなっても，差し支えない。

4　署名の閣議に提出される条約については平成23年1月1日以後最初の閣議に提出されるものから，国会に提出される条約（平成23年1月1日以後最初の閣議より前に署名の閣議に提出された条約であって日本語が正文であるものを除く。）については次回国会（常会）に提出するものから，それぞれこの決定を適用する。なお，条約の改正についても，この決定を適用した結果，改正されない部分に用いられている語の表記と改正される部分に用いられるこれと同一の内容を表す語の表記とが異なることとなっても，差し支えない。

売主　売値　売渡価格　売渡先　絵巻物　襟巻　沖合　置物　奥書　奥付
押売押出機　覚書　（博多）織　折返線　織元　織物　卸売　買上品　買受人
買掛金　外貨建債権　概算払　買手　買主　買値　書付　書留　過誤払　貸方
貸越金　貸室　貸席　貸倒引当金　貸出金　貸出票　貸付（金）　貸主　貸船
貸本　貸間　貸家　箇条書　貸渡業　肩書　借入（金）　借受人　借方　借越金
刈取機　借主　仮渡金　缶詰　気付　切手　切符　切替組合員　切替日
くじ引　組合　組入金　組立工　倉敷料　繰上償還　繰入金　繰入限度額
繰入率繰替金　繰越（金）　繰延資産　消印　月賦払　現金払　小売　小売（商）
小切手　木立　小包　子守　献立　先取特権　作付面積　挿絵　差押（命令）
座敷　指図　差出人　差引勘定　差引簿　刺身　試合　仕上機械　仕上工
仕入価格　仕掛花火　仕掛品　敷網　敷居　敷石　敷金　敷地　敷布　敷物
軸受　下請工事　仕出屋　仕立券　仕立物　仕立屋　質入証券　支払　支払元
受高　字引　仕向地　事務取扱　事務引継　締切日　所得割　新株買付契約書
据置（期間）（支出）済（額）　関取　備付品　（型絵）染　ただし書　立会演説
立会人　立入検査　立場　竜巻　立替金　立替払　建具　建坪　建値　建前
建物　棚卸資産　（条件）付（採用）　月掛貯金　付添人　漬物　積卸施設　積出地
積立（金）　積荷　詰所　釣堀　手当　出入口　出来高払　手付金　手引　手引書
手回品　手持品　灯台守　頭取　（欠席）届　留置電報　取扱（所）　取扱（注意）
取入口　取替品　取組　取消処分　（麻薬）取締法　取締役　取立金取立訴訟
取次（店）　取付工事　取引　取引（所）　取戻請求権　問屋　仲買　仲立業
投売品　並木　縄張　荷扱場　荷受人　荷造機　荷造費　（春慶）塗　（休暇）願
乗合船　乗合旅客　乗換（駅）　乗組（員）　場合　羽織　履物　葉巻　払込（金）
払下品　払出金　払戻金　払戻証書　払渡金　払渡郵便局　番組　番付　控室
引当金　引受（時刻）　引受（人）　引換（券）　（代金）引換引継事業　引継調書
引取経費　引取税　引渡（人）　日付　引込線　瓶詰　歩合　封切館　福引（券）
船積貨物　踏切　振替　振込金　振出（人）　不渡手形　分割払　（鎌倉）彫
掘抜井戸　前受金　前貸金　巻上機　巻紙　巻尺　巻物　待合（室）　見返物資
見込額　見込数量　見込納付　水張検査　水引　見積（書）　見取図　見習工
未払勘定　未払年金　見舞品　名義書換　申込（書）申立人　持込禁止
元売業者　物置　物語　物干場　（備前）焼　役割　屋敷　雇入契約　雇止手当
夕立　譲受人　湯沸器　呼出符号　読替規定　陸揚地　陸揚量　両替　割合
割当額　割高　割引　割増金　割戻金　割安

［備考１］　下線を付けた語は，「送り仮名の付け方」の本文の通則７において例示された語である。

［備考２］　「売上（高）」，「（博多）織」などのようにして掲げたものは，（　）の中を他の漢字で置き換えた場合にも，「送り仮名の付け方」の本文の通則７を適用する。

(3)　付表の語

イ　活用のない語は,「送り仮名の付け方」の本文の通則３から通則５までの「本則」・「例外」の送り仮名の付け方による。

［備考］ 表に記入したり記号的に用いたりする場合には，次の例に示すように，原則として，（　）の中の送り仮名を省く。

【例】

晴（れ）　曇（り）　問（い）　答（え）　終（わり）　生（まれ）

⑵　複合の語

ア　イに該当する語を除き，原則として,「送り仮名の付け方」の本文の通則６の「本則」の送り仮名の付け方による。ただし，活用のない語で読み間違えるおそれのない語については,「送り仮名の付け方」の本文の通則６の「許容」の送り仮名の付け方により，次の例に示すように送り仮名を省く。

【例】

明渡し　預り金　言渡し　入替え　植付け　魚釣用具　受入れ　受皿　受持ち　受渡し　渦巻　打合せ　打合せ会　打切り　内払　移替え　埋立て　売上げ　売惜しみ　売出し　売場　売払い　売渡し　売行き　縁組　追越し　置場　贈物　帯留　折詰　買上げ　買入れ　買受け　買換え　買占め　買取り　買戻し　買物　書換え　格付　掛金　貸切り　貸金　貸越し　貸倒れ　貸出し　貸付け　借入れ　借受け　借換え　刈取り　缶切　期限付　切上げ　切替え　切下げ　切捨て　切土　切取り　切離し　靴下留　組合せ　組入れ　組替え　組立て　くみ取便所　繰上げ　繰入れ　繰替え　繰越し　繰下げ　繰延べ　繰戻し　差押え　差止め　差引き　差戻し　砂糖漬　下請　締切り　条件付　仕分　据置き　据付け　捨場　座込み　栓抜　備置き　備付け　染物　田植　立会い　立入り　立替え　立札　月掛　付添い　月払　積卸し　積替え　積込み　積出し　積立て　積付け　釣合い　釣鐘　釣銭　釣針　手続　問合せ　届出　取上げ　取扱い　取卸し　取替え　取決め　取崩し　取消し　取壊し　取下げ　取締り　取調べ　取立て　取次ぎ　取付け　取戻し　投売り　抜取り　飲物　乗換え　乗組み　話合い　払込み　払下げ　払出し　払戻し　払渡し　払渡済み　貼付け　引上げ　引揚げ　引受け　引起し　引換え　引込み　引下げ　引締め　引継ぎ　引取り　引渡し　日雇　歩留り　船着場　不払　賦払　振出し　前払　巻付け　巻取り　見合せ　見積り　見習　未払　申合せ　申合せ事項　申入れ　申込み　申立て　申出　持家　持込み　持分　元請　戻入れ　催物　盛土　焼付け　雇入れ　雇主　譲受け　譲渡し　呼出し　読替え　割当て　割増し　割戻し

イ　活用のない語で慣用が固定していると認められる次の例に示すような語については,「送り仮名の付け方」の本文の通則７により，送り仮名を付けない。

【例】

合図　合服　合間　預入金　編上靴　植木　（進退）伺　浮袋　浮世絵　受入額　受入先　受入年月日　請負　受付　受付係　受取　受取人　受払金　打切補償　埋立区域　埋立事業　埋立地　裏書　売上（高）　売掛金　売出発行　売手

疏明（用いない。「疎明」を用いる。）

稠密（用いない。）

通事（用いない。「通訳人」を用いる。）

定繋港（用いない。「定係港」を用いる。）

呈示（用いない。「提示」を用いる。）

停年（用いない。「定年」を用いる。）

捺印（用いない。「押印」を用いる。）

売淫（用いない。「売春」を用いる。）

配付・配布（「配付」は交付税及び譲与税配付金特別会計のような特別な場合についてのみ用いる。それ以外の場合は「配布」を用いる。）

蕃殖（用いない。「繁殖」を用いる。）

版図（用いない。）

誹毀（用いない。）

彼此（用いない。）

標示（特別な理由がある場合以外は用いない。「表示」を用いる。）

紊乱（用いない。）

編綴（用いない。）

房室（用いない。）

膨脹（用いない。「膨張」を用いる。）

法例（用いない。）

輔助（用いない。「補助」を用いる。）

満限に達する（特別な理由がある場合以外は用いない。「満了する」を用いる。）

宥恕（用いない。）

輸贏（用いない。）

踰越（用いない。）

油槽（用いない。「油タンク」を用いる。）

落磐（用いない。「落盤」を用いる。）

臨検・立入検査（「臨検」は犯則事件の調査の場合についてのみ用いる。それ以外の場合は「立入検査」を用いる。）

隣佑（用いない。）

狼狽（用いない。）

和諧（用いない。「和解」を用いる。）

2　送り仮名の付け方について

(1)　単独の語

ア　活用のある語は，「送り仮名の付け方」（昭和48年内閣告示第2号の「送り仮名の付け方」をいう。以下同じ。）の本文の通則1の「本則」・「例外」及び通則2の「本則」の送り仮名の付け方による。

交叉点（用いない。「交差点」を用いる。）
更代（用いない。「交代」を用いる。）
弘報（用いない。「広報」を用いる。）
骨牌（用いない。「かるた類」を用いる。）
戸扉（用いない。）
誤謬（用いない。）
詐偽（用いない。「偽り」を用いる。）
鑿井（用いない。）
作製・作成（「作製」は製作（物品を作ること）という意味についてのみ用いる。
それ以外の場合は「作成」を用いる。）
左の（「次の」という意味では用いない。）
鎖鑰（用いない。）
撒水管（用いない。「散水管」を用いる。）
旨趣（用いない。「趣旨」を用いる。）
枝条（用いない。）
首魁（用いない。「首謀者」を用いる。）
酒精（用いない。「アルコール」を用いる。）
鬚髯（用いない。）
醇化（用いない。「純化」を用いる。）
竣功（特別な理由がある場合以外は用いない。「完成」を用いる。）
傷痍（用いない。）
焼燬（用いない。）
銷却（用いない。「消却」を用いる。）
情況（特別な理由がある場合以外は用いない。「状況」を用いる。）
檣頭（用いない。「マストトップ」を用いる。）
証標（用いない。）
証憑・憑拠（用いない。「証拠」を用いる。）
牆壁（用いない。）
塵埃（用いない。）
塵芥（用いない。）
侵蝕（用いない。「侵食」を用いる。）
成規（用いない。）
窃用（用いない。「盗用」を用いる。）
船渠（用いない。「ドック」を用いる。）
洗滌（用いない。「洗浄」を用いる。）
僣窃（用いない。）
総轄（用いない。「総括」を用いる。）
齟齬（用いない。）

解止（用いない。）

戒示（用いない。）

灰燼（用いない。）

改訂・改定（「改訂」は書物などの内容に手を加えて正すことという意味についてのみ用いる。それ以外の場合は「改定」を用いる。）

開披（用いない。）

牙保（用いない。）

勧解（用いない。）

監守（用いない。）

管守（用いない。「保管」を用いる。）

陥穽（用いない。）

干与・干預（用いない。「関与」を用いる。）

義捐（用いない。）

汽鑵（用いない。「ボイラー」を用いる。）

技監（特別な理由がある場合以外は用いない。）

規正・規整・規制（「規正」はある事柄を規律して公正な姿に当てはめることという意味についてのみ，「規整」はある事柄を規律して一定の枠に納め整えることという意味についてのみ，それぞれ用いる。それ以外の場合は「規制」を用いる。）

羈束（用いない。）

吃水（用いない。「喫水」を用いる。）

規程（法令の名称としては，原則として用いない。「規則」を用いる。）

欺瞞（用いない。）

欺罔（用いない。）

狭隘（用いない。）

饗応（用いない。「供応」を用いる。）

驚愕（用いない。）

魚艙（用いない。「魚倉」を用いる。）

紀律（特別な理由がある場合以外は用いない。「規律」を用いる。）

空気槽（用いない。「空気タンク」を用いる。）

具有（用いない。）

繋船（用いない。「係船」を用いる。）

繋属（用いない。「係属」を用いる。）

計理（用いない。「経理」を用いる。）

繋留（用いない。「係留」を用いる。）

懈怠（用いない。）

牽連（用いない。「関連」を用いる。）

溝渠（特別な理由がある場合以外は用いない。）

ものとする。

ア　専門用語等であって，他に言い換える言葉がなく，しかも仮名で表記すると理解することが困難であると認められるようなものについては，その漢字をそのまま用いてこれに振り仮名を付ける。

【例】

暗渠《きょ》　按《あん》分　蛾《が》　瑕疵《かし》　管渠《きょ》　涵《かん》養　強姦《かん》　砒《ひ》素　埠《ふ》頭

イ　次のものは，仮名で表記する。

拘わらず　→　かかわらず
此　→　この
之　→　これ
其　→　その
煙草　→　たばこ
為　→　ため
以て　→　もって
等（ら）　→　ら
猥褻　→　わいせつ

ウ　仮名書きにする際，単語の一部だけを仮名に改める方法は，できるだけ避ける。

【例】

斡旋　→　あっせん（「あっ旋」は用いない。）
煉瓦　→　れんが（「れん瓦」は用いない。）

ただし，次の例のように一部に漢字を用いた方が分かりやすい場合は，この限りでない。

【例】

あへん煙　えん堤　救じゅつ　橋りょう　し尿　出えん　じん肺　ため池　ちんでん池　でん粉　てん末　と畜　ばい煙　排せつ　封かん　へき地　らく印　漏えい

エ　常用漢字表にない漢字又は音訓を仮名書きにする場合には，仮名の部分に傍点を付けることはしない。

(6)　次のものは，（　）の中に示すように取り扱うものとする。

匕首（用いない。「あいくち」を用いる。）
委棄（用いない。）
慰藉料（用いない。「慰謝料」を用いる。）
溢水（用いない。）
違背（用いない。「違反」を用いる。）
印顆（用いない。）
湮滅（用いない。「隠滅」を用いる。）
苑地（用いない。「園地」を用いる。）
汚穢（用いない。）

〈資料２〉　法令における漢字使用等について
（平成 22 年 11 月 30 日　内閣法制局長官決定）

・同日に「常用漢字表」（内閣告示第２号）が告示され,「公用文における漢字使用について」（内閣訓令第１号）が定められたことに伴い,「法令における漢字使用等について」が定められた。
・これに伴い, 従前の昭和 29 年 11 月 25 日付け法制局総発第 89 号の「法令用語改善の実施要領」（同実施要領の別紙「法令用語改正要領」を含む。）及び昭和 56 年 10 月１日付け内閣法制局総発第 141 号の「法令における漢字使用等について」は，平成 22 年 11 月 30 日付けで廃止された。
（編注）

１ 漢字使用について

⑴　法令における漢字使用は，次の⑵から⑹までにおいて特別の定めをするもののほか，「常用漢字表」（平成 22 年内閣告示第２号。以下「常用漢字表」という。）の本表及び付表（表の見方及び使い方を含む。）並びに「公用文における漢字使用等について」（平成 22 年内閣訓令第１号）の別紙の１「漢字使用について」の⑵によるものとする。また，字体については，通用字体を用いるものとする。

なお，常用漢字表により漢字で表記することとなったものとしては，次のようなものがある。

挨拶　宛先　椅子　咽喉　隠蔽　鍵　覚醒　崖　玩具　毀損　亀裂　禁錮　舷
拳銃　勾留　柵　失踪　焼酎　処方箋　腎臓　進捗　整頓　脊柱　遡及　堆積
貼付　賭博　剝奪　破綻　汎用　氾濫　膝　肘　払拭　閉塞　捕捉　補塡
哺乳類　蜜蜂　明瞭　湧出　拉致　賄賂　関わる　鑑みる　遡る　全て

⑵　次のものは，常用漢字表により，（　）の中の表記ができることとなったが，引き続きそれぞれ下線を付けて示した表記を用いるものとする。

壊滅（潰滅）　壊乱（潰乱）　決壊（決潰）　広範（広汎）　全壊（全潰）　倒壊（倒潰）
破棄（破毀）　崩壊（崩潰）　理屈（理窟）

⑶　次のものは，常用漢字表により，下線を付けて示した表記ができることとなったので，（　）の中の表記に代えて，それぞれ下線を付けて示した表記を用いるものとする。

臆説（憶説）　臆測（憶測）　肝腎（肝心）

⑷　次のものは，常用漢字表にあるものであっても，仮名で表記するものとする。

虞 恐れ	→おそれ
且つ	→かつ
従って（接続詞）	→したがって
但し	→ただし
但書	→ただし書
外 他	→ほか
又	→また（ただし，「または」は「又は」と表記する。）
因る	→よる

⑸　常用漢字表にない漢字で表記する言葉及び常用漢字表にない漢字を構成要素として表記する言葉並びに常用漢字表にない音訓を用いる言葉の使用については，次による

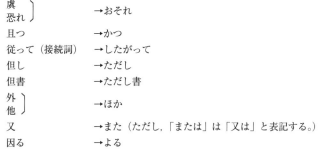

売惜しみ　売出し　売場　売払い　売渡し　売行き　縁組　追越し　置場
贈物　帯留　折詰　買上げ　買入れ　買受け　買換え　買占め　買取り
買戻し　買物　書換え　格付　掛金　貸切り　貸金　貸越し　貸倒れ　貸出し
貸付け　借入れ　借受け　借換え　刈取り　缶切　期限付　切上げ　切替え
切下げ　切捨て　切土　切取り　切離し　靴下留　組合せ　組入れ　組替え
組立て　くみ取便所　繰上げ　繰入れ　繰替え　繰越し　繰下げ　繰延べ
繰戻し　差押え　差止め　差引き　差戻し　砂糖漬　下請　締切り　条件付
仕分　据置き　据付け　捨場　座込み　栓抜　備置き　備付け　染物　田植
立会い　立入り　立替え　立札　月掛　付添い　月払　積卸し　積替え
積込み　積出し　積立て　積付け　釣合い　釣鐘　釣銭　釣針　手続　問合せ
届出　取上げ　取扱い　取卸し　取替え　取決め　取崩し　取消し　取壊し
取下げ　取締り　取調べ　取立て　取次ぎ　取付け　取戻し投売り　抜取り
飲物　乗換え　乗組み　話合い　払込み　払下げ　払出し払戻し　払渡し
払渡済み　貼付け　引上げ　引揚げ　引受け　引起し　引換え　引込み
引下げ　引締め　引継ぎ　引取り　引渡し　日雇　歩留り　船着場　不払
賦払　振出し　前払　巻付け　巻取り　見合せ　見積り　見習　未払　申合せ
申合せ事項　申入れ　申込み　申立て　申出　持家　持込み　持分　元請
戻入れ　催物　盛土　焼付け　雇入れ　雇主　譲受け　譲渡し　呼出し
読替え　割当て　割増し　割戻し

(2)　(1)にかかわらず，必要と認める場合は，「送り仮名の付け方」の本文の通則2，通則4及び通則6(1)のただし書の適用がある場合を除く。）の「許容」並びに「付表の語」の1のなお書きを適用して差し支えない。

3　その他

(1)　1及び2は，固有名詞を対象とするものではない。
(2)　専門用語又は特殊用語を書き表す場合など，特別な漢字使用等を必要とする場合には，1及び2によらなくてもよい。
(3)　専門用語等で読みにくいと思われるような場合は，必要に応じて，振り仮名を用いる等，適切な配慮をするものとする。

4　法令における取扱い
法令における漢字使用等については，別途，内閣法制局からの通知による。

キ　次のような語句を，（　）の中に示した例のように用いるときは，原則として，仮名で書く。

例　ある（その点に問題がある。）
いる（ここに関係者がいる。）
こと（許可しないことがある。）
できる（だれでも利用ができる。）
とおり（次のとおりである。）
とき（事故のときは連絡する。）
ところ（現在のところ差し支えない。）
とも（説明するとともに意見を聞く。）
ない（欠点がない。）
なる（合計すると１万円になる。）
ほか（そのほか…，特別の場合を除くほか…）
もの（正しいものと認める。）
ゆえ（一部の反対のゆえにはかどらない。）
わけ（賛成するわけにはいかない。）
…かもしれない（間違いかもしれない。）
…てあげる（図書を貸してあげる。）
…ていく（負担が増えていく。）
…ていただく（報告していただく。）
…ておく（通知しておく。）
…てください（問題点を話してください。）
…てくる（寒くなってくる。）
…てしまう（書いてしまう。）
…てみる（見てみる。）
…てよい（連絡してよい。）
…にすぎない（調査だけにすぎない。）
…について（これについて考慮する。）

2　送り仮名の付け方について

⑴　公用文における送り仮名の付け方は，原則として，「送り仮名の付け方」（昭和 48年内閣告示第２号）の本文の通則１から通則６までの「本則」・「例外」，通則７及び「付表の語」（１のなお書きを除く。）によるものとする。

ただし，複合の語（「送り仮名の付け方」の本文の通則７を適用する語を除く。）のうち，活用のない語であって読み間違えるおそれのない語については，「送り仮名の付け方」の本文の通則６の「許容」を適用して送り仮名を省くものとする。なお，これに該当する語は，次のとおりとする。

明渡し　預り金　言渡し　入替え　植付け　魚釣用具　受入れ　受皿　受持ち
受渡し　渦巻　打合せ　打合せ会　打切り　内払　移替え　埋立て　売上げ

〈資料１〉 公用文における漢字使用等について
（平成 22 年 11 月 30 日　内閣訓令第１号）

・同日に告示された「常用漢字表」（内閣告示第２号）の改定に伴い，各行政機関が作成する「公用文における漢字使用等について」が定められた。（編注）

１ 漢字使用について

⑴ 公用文における漢字使用は，「常用漢字表」（平成 22 年内閣告示第２号）の本表及び付表（表の見方及び使い方を含む。）によるものとする。なお，字体については通用字体を用いるものとする。

⑵ 「常用漢字表」の本表に掲げる音訓によって語を書き表すに当たっては，次の事項に留意する。

ア　次のような代名詞は，原則として，漢字で書く。

例　俺　彼　誰　何　僕　私　我々

イ　次のような副詞及び連体詞は，原則として，漢字で書く。

例（副詞）

余り　至って　大いに　恐らく　概して　必ず　必ずしも　辛うじて
極めて　殊に　更に　実に　少なくとも　少し　既に　全て　切に　大して
絶えず　互いに　直ちに　例えば　次いで　努めて　常に　特に　突然
初めて　果たして　甚だ　再び　全く　無論　最も　専ら　僅か　割に

（連体詞）

明くる　大きな　来る　去る　小さな　我が（国）

ただし，次のような副詞は，原則として，仮名で書く。

例　かなり　ふと　やはり　よほど

ウ　次の接頭語は，その接頭語が付く語を漢字で書く場合は，原則として，漢字で書き，その接頭語が付く語を仮名で書く場合は，原則として，仮名で書く。

例　御案内（御＋案内）　御挨拶（御＋挨拶）　ごもっとも（ご＋もっとも）

エ　次のような接尾語は，原則として，仮名で書く。

例　げ（惜しげもなく）　ども（私ども）　ぶる（偉ぶる）　み（弱み）　め（少なめ）

オ　次のような接続詞は，原則として，仮名で書く。

例　おって　かつ　したがって　ただし　ついては　ところが　ところで　また　ゆえに

ただし，次の４語は，原則として，漢字で書く。

及び　並びに　又は　若しくは

カ　助動詞及び助詞は，仮名で書く。

例　ない（現地には，行かない。）
ようだ（それ以外に方法がないようだ。）
ぐらい（二十歳ぐらいの人）
だけ（調査しただけである。）
ほど（三日ほど経過した。）

た

な

【索　引】

著者紹介

氏原　基余司（うじはら・きよし）
江戸川大学教授（メディアコミュニケーション学部こどもコミュニケーション学科）

都立高校教諭，文化庁文化部国語課国語調査官（平成３年 10 月），同主任国語調査官（平成 14 年４月）を経て，平成 26 年４月から現職。

文化庁国語課では，国語審議会において主として表外漢字（常用漢字表に入っていない漢字）の字体問題を担当し，国語審議会答申「表外漢字字体表」の取りまとめに当たった。また，文化庁の「ことばシリーズ（解説編・問答編）」や『美しい日本語のすすめ』『言葉に関する問答集　総集編』『国語施策百年史』などの企画及び編集・執筆を担当した。

文化審議会においては，「これからの時代に求められる国語力について」（平成 16 年２月），「敬語の指針」（平成 19 年２月），「改定常用漢字表」（平成 22 年６月）の取りまとめに当たった。平成 26 年２月に公表された国語分科会の報告「「異字同訓」の漢字の使い分け例」を担当したのが国語課での最後の仕事。

グリームブックス（Gleam Books）
著者から受け取った機知や希望の“Gleam《ひらめき》”を、読者が深い思考につなげ“Gleam”を発見する。そんな循環がこのシリーズから生まれるよう願って名付けました。

漢字の使い分けハンドブック

平成29年5月31日発行　　価格は表紙カバーに表示してあります。

著　者　氏原基余司

発　行　㈱朝陽会　〒340-0003　埼玉県草加市稲荷2-2-7
電話（出版）048（951）2879
http://www.choyokai.co.jp/

編集協力　㈲雅粒社　〒181-0002　東京都三鷹市牟礼1-6-5-105
電話　0422（24）9694

ISBN978-4-903059-50-1
C0081　¥1000E

落丁・乱丁本はお取り替えいたします。